AF465395

CURIOSITÉS ET PHÉNOMÈNES NATURELS

1. — La nature nous offre de merveilleux spectacles que nous admirons et qui nous étonnent toujours. Mais ceux qu'elle présente, dans certains pays lointains, aux yeux des voyageurs éblouis sont encore plus extraordinaires et dignes d'attirer notre attention. Sans nous déplacer, nous allons assister à quelques-unes de ces merveilles. Voyons dans ce premier tableau la grandeur d'une tempête sur mer. Les flots deviennent de véritables montagnes, la pluie est une avalanche, l'eau et le ciel se confondent, et la foudre qui jaillit de chaque nuage semble une grêle de feu qui éclaire l'horreur magnifique de la situation.

2. — Le feu intérieur de la terre ne se manifeste pas seulement par les volcans qui vomissent des roches en fusion, des cendres et de la fumée; il indique aussi sa présence par des jets de soufre enflammé, par des fumées blanchâtres qui s'échappent des fissures du sol. Ce sont ces fumées et ces jets de soufre, qui existent près de Naples, que nous avons sous les yeux.

3. — Spectacle peu banal du soleil au pôle Nord, se levant au-dessus de l'horizon après la nuit polaire de six mois. Sa lumière, rougeâtre et vue comme au travers d'un nuage, colore d'une teinte d'incendie tous les objets qu'elle frappe.

4. — Il n'est pas souvent donné de voir sur terre un arc-en-ciel semblable à celui-ci, car l'horizon borné et entravé d'obstacles que l'on y rencontre est peu favorable à une si grandiose manifestation; il faut l'immensité de la mer, où l'œil n'est arrêté par aucun obstacle.

5. — Bizarre effet des éruptions d'eau au tourbillon de Tatarata, à Neuséeland. Ce mélange d'eau, de volcan, de fumées, est absolument unique et bizarre.

6. — Vue de la fameuse cataracte du Niagara, universellement connue. Beaucoup de personnes ne savent pas que la courbe de chute des eaux permet à certains endroits le passage entre la chute et le rocher, nous ne dirons pas à sec, mais sans danger.

7. — Curieux spectacle de l'éruption du volcan sous-marin à Pantelleria (sud de la Sicile). La lave qui cherche son

chemin au milieu des eaux produit des détonations et une épaisse vapeur. Nous pouvons nous rendre compte de l'effet produit.

8. — L'île de Santorin eut en 1866 une formidable éruption de volcan. Nous voyons l'île entière couverte par la lave enflammée. On voit ce que dut être l'éruption du Vésuve qui détruisit Herculanum et Pompéi.

9. — Vue des geysers en Islande. Ce sont des jets de vapeur et d'eau chaude, qui sortent de terre et jaillissent avec force comme l'eau d'un puits artésien. Il est facile de s'approcher assez près de ces véritables feux d'artifice hydrauliques, et les voyageurs ne s'en font pas faute.

10. — Nous sommes ici aux îles de Lafote. Les oiseaux nommés alques, qui habitent ces îles en quantité prodigieuse, sont des palmipèdes. Nous les voyons dérangés dans leur tranquillité habituelle par la venue inopinée de visiteurs curieux.

11. — Nous pénétrons dans la superbe caverne d'Aggtelek, en Hongrie. Des stalactites et des stalagmites, éclairés par des feux de bengale, prennent les aspects les plus curieux, et au centre de la caverne on remarque un rocher ayant la forme exacte d'une statue de la sainte Vierge.

12. — En 1755, un violent tremblement de terre suivi d'un incendie détruisit en entier Lisbonne, la capitale du Portugal. C'est ce terrible événement que représente notre vue.

205

Au bord de la Méditerranée

1. — *Le Lac Majeur.* — Le miroir des eaux, des noirs rochers qui en font là contrepartie ; sur les bords, la luxuriante végétation du Midi, et le ciel splendide de l'Italie éclairant le tout. Lamartine a dû promener là sa rêverie, et y écrire sa sublime page du *Lac*.

2. — *Paysage au lac de Côme.* — Encore un lac, mais d'une physionomie différente. Les nombreux bateaux qui le sillonnent les hauts rochers qui l'entourent, forment comme un petit port, indiquant plutôt l'action et le mouvement que le rêve sentimental.

3. — *Ancien palais de l'empereur Dioclétien.* — Ce vaste monument, qui surprend le regard, est élevé sur la rive de l'Adriatique, en Dalmatie. Le potentat qui imagina cet amas de construction était sûrement hanté par le souvenir de la Tour de Babel.

4. — *Une ville au moyen âge.* — Un rocher entouré d'eau, un château-fort sur le rocher, servant de sentinelle et surveillant les alentours, telle était la situation forcée d'une ville au moyen âge. Quand la sécurité augmentait on y ajoutait un pont. Le tout formait un ensemble d'un pittoresque que nous ne connaissons plus.

5 — *Bords de la Méditerranée, près d'Akka.* — La Méditerranée, qui touche à tous les pays d'Europe : Espagne, France, Italie, voisine de ce côté les pays d'Orient, et le paysage que nous avons sous les yeux en porte l'empreinte incontestable.

6. — *Le cap de Misène.* — Nous revenons ici vers l'Italie, mais dans une partie voisine de l'Etna, entre Cumes et Pouzzoles, pays de rochers et de laves, d'un aspect grandiose, mais d'une sévérité un peu attristante.

7. — *Le golfe de Naples.* — Autour du Vésuve menaçant qui n'est pas bien loin, sous un soleil éclatant, la nature sourit, les eaux charment, faisant oublier un instant que la montagne enferme dans ses flancs la destruction et la mort.

8. — *L'église de Saint-Pierre de Rome.* — Nul monument ne l'égale pour la composition grandiose de sa construction ; ses proportions sont combinées avec un art si profond qu'elles paraissent plus élevées qu'elles ne sont en réalité.

9. — *Château du sultan, à Kaisarieh.* — Le sultan de Constantinople, qui sort peu, dit-on, de son palais, doit avoir aussi des villas de plaisance. Celle-ci revêt, en tous ses aspects quelque chose d'un peu barbare. On dirait plutôt une prison.

10. — *Erzéroum.* — C'est une ville de la Turquie, peuplée de 60.000 habitants, malheureusement trop célèbre par les hideux massacres qui l'ont tout récemment ensanglantée.

11. — *Rives de Corfou.* — Corfou, la plus importante des îles Ioniennes, remplie des souvenirs mythologiques de la Grèce, se console, sous son ciel pur et ses eaux bleues, des fables charmantes dont un peuple artiste avait animé ses bords.

12. — *Un lac dans les montagnes de la Turquie d'Europe.* — Encadré de montagnes élevées, encerclé de rochers, le petit lac semble aussi loin de la civilisation et des agitations du commerce que si la terre était encore aux premiers jours de sa naissance.

207

VUE DE VIENNE ET DE PRAGUE

1. — *L'Eglise Saint-Etienne à Vienne.* — Vu de nuit et par une lune un peu avare, ce monument a grand air. Vu de jour, on reconnaît qu'il est de style gothique pur, mais à trois nefs, et sans cloître. La grande tour, qui est du plus beau style, a 145 mètres de haut.

2. — *Le château impérial à Vienne* (en allemand, *Hofenburg*). — Quoique non sans élégance, ce monument n'a rien de remarquable. Il fut élevé sur les ruines d'un château construit en 1254, et, par des additions ou reconstructions successives, devint ce qu'il est aujourd'hui. Il renferme les appartements de l'empereur, où l'on distingue surtout la grande salle des chevaliers et un riche musée.

3. — *Le Parlement, ou Palais des Etats.* — Bâti dans le style néo-grec, ce bâtiment a une simplicité pleine d'ampleur. Les diverses salles sont ornées de fresques et de verrières intéressantes à visiter.

4. — *Eglise de Saint-Charles Borromée.* — Une des plus belles églises de Vienne, bâtie dans le style italien, avec une coupole de 30 mètres de haut et 20 de diamètre. Deux campaniles de 42 mètres accompagnent le portique. L'intérieur de l'église est splendide.

5. — *L'Hôtel de Ville.* — Il y avait sur le même emplacement, dès le XIVe siècle, une construction destinée au même usage : ce qu'on appelait en France « le Parlouer aux Bourgeois ». Commencé sous sa forme actuelle en 1780, il a été achevé en 1142.

6. — *L'Opéra.* — Nous le présentons aux lumières parce que c'est un monument fait exprès pour les fêtes de nuit. Celui-ci, d'ailleurs, est moins remarquable par la perfection du détail que par ses proportions. Cela devait être, dans la ville la plus musicienne du monde et où règne le nom, où sont les cendres du prodigieux Mozart.

7. — *Théâtre du château impérial.* — Le château impérial est un assemblage de monuments divers : demeures princières, musées, arsenaux, etc.; le joli théâtre que nous avons sous les yeux est caractéristique d'une ville où tout semble neuf, pimpant et coquet.

8. — *Théâtre populaire.* — Pour être plus simple d'aspect que l'Opéra, le Théâtre populaire, brillant de lumière, ne fait pas moins bon effet le soir, et donne le modèle de ce que doit être un théâtre de ce nom.

9 — *Théâtre allemand à Prague.* — Dans les villes comme celle-ci, où les races différentes sont en lutte, le théâtre est le principal moyen de faire triompher le langage de l'une ou de l'autre. L'Allemagne ne néglige jamais ce moyen d'infiltration pratique.

10. — *Musée du royaume de Bohême.* — Ce musée nous a fourni, à l'Exposition de 1900, un spécimen admirable de ses richesses si belles et si intéressantes. Assiégé par la foule, il nous a laissé un vif regret de son départ.

11. — *Hôtel de Ville.* — Rebâti de 1838 à 1848, cet édifice affecte le style gothique afin de l'approprier à la grande tour, datant de 1474, seul reste du monument primitif.

12. — *Théâtre national.* — Ce vaste édifice représente la lutte de l'élément national bohême contre l'envahissement progressif allemand. Erigé, en 1845, par les États de Bohême, il a été agrandi en 1859.

208

CHATEAUX BAVAROIS

VUES DE BAVIERE, BOHEME EN SUISSE

1. — *Château de Berg.* — Demeure princière. Elles sont nombreuses en Bavière, qui n'offrent pas d'intérêt historique, mais qui charment le voyageur par une construction fantaisiste ou élégante, généralement placée dans un site merveilleux. Voyons, si vous voulez, dans celle-ci, un paysage de nuit et d'hiver.

2. — *Château de Linderhof.* — Celui-ci, avec sa gracieuse construction, à peine éclairée d'un jour tombant et des derniers reflets du soleil couchant, nous donne, dans des conditions de luxe et de richesse, l'aspect d'un jour d'automne, à la cour.

3. — *Château de Schniessen.* — Ceci peut s'appeler l'été, et même l'été à Versailles si nous n'avions prévenu que la Seine se passe à Schniessen. Mais chacun sait qu'en Bavière rois et princes ont eu souvent l'aimable folie du grandiose.

4. — *Château de Neuschwanstein.* — Et voici l'aube d'un jour de printemps éclairant de lueurs changeantes le château le plus capricieux qu'on puisse voir ; un amoncellement sans ordre de tourelles, de minarets, de terrasses. Et cela au haut d'une montagne et dans un paysage qui ferait tout accepter.

5. — *Brasserie royale à Munich.* — On sait la renommée universelle de la bière de Bavière, et l'importance qu'elle a dans ce pays, au point que sa cherté y suscite des émeutes comme celle du pain chez nous. Pas étonnant, dès lors, que l'autorité royale ait élevé cet autel à Gambrinus pour patronner sa boisson, ou même, peut-être, en tirer parti.

6. — *Musée d'art.* — L'art est en faveur, à Munich, comme nulle part ailleurs ; les musées sont nombreux et remplis de chefs-d'œuvre. Ce monument spécial, inauguré en 1845, est construit dans le style grec, avec colonnades et frontispice orné de statues.

7. — *Palais de Justice.* — Monument de grande allure et d'une belle simplicité. Espérons que la justice bavaroise est calquée sur ce modèle.

8. — *La Bavaria.* — Sur un perron de 48 marches, s'élève une statue de 21 mètres de haut, représentant le Génie du pays. Elle a pour fond une colonnade à la grecque. Un escalier intérieur conduit jusqu'à la tête, que nous vîmes à l'Exposition de 1889. On a de là une fort belle vue sur tout le pays.

9. — *Château de Miramar, près Trieste.* — Habitation vraiment princière et délicieux séjour, mais qui attriste la pensée, et ne lui représente plus qu'une prison, car son nom rappelle la funèbre retraite de la veuve de Maximilien.

10. — *Château d'Ambras (Tyrol).* — Placé dans une situation admirable, entre des montagnes et la vallée de l'Inn, ce château fut autrefois habité, vers 1595, par l'archiduc Ferdinand, dont la femme avait une réputation universelle de beauté.

11. — *Château de Karlstein, près Prague.* — Ce sombre manoir a été représenté de nuit pour s'accommoder aux graves souvenirs qu'il rappelle. Bâti en 1348, sous l'empereur Charles IV, il avait alors cette particularité que nul étranger et nulle femme n'y étaient admis. Sous d'épaisses murailles, et derrière des portes de fer, on y garda jadis la couronne de Bohême.

12. — *Venise.* — Terminons ce voyage par une excursion en gondole sur le grand canal de Venise, cette ville qui ne ressemble à nulle autre, que tout le monde connaît sans l'avoir vue, que chacun voudrait voir, et que nul ne quitte sans regret.

Les 12 Vues chromolithographiques *pour la* **Projection**, *prêtes à être reportées sur verre,* **1** *fr.* **10.**

Ou, les 12 vues, toutes montées sur verre, prêtes à être projetées, **5** *fr.* **25.**

209

LES GRANDES ÉGLISES D'EUROPE

1. — *Cathédrale de Cologne.* — Supposons qu'un ange bienveillant nous veuille faire faire une promenade d'agrément sur notre terre que nous connaissons si peu, il ne nous prendrait pas sur ses ailes, il n'userait pas du chemin de fer, mais plutôt de la rapide projection. Et où nous conduirait-il ? Eh ! bien, aux plus belles églises d'Europe. — Il commencerait par la cathédrale de Cologne, non pas parce qu'elle se prétend la plus belle, ce qui n'est pas bien sûr, mais parce que la légende prétend qu'elle a été dessinée par le diable. C'est une histoire bien connue : l'architecte, à bout d'inspiration, vendit son âme au diable pour un projet merveilleux que celui-ci lui fournit. L'architecte le lui ayant arraché sans signer le traité, le diable, malin, en déchira une partie avec sa griffe, et déclara que nul ne saurait achever son œuvre.

2. — *Le Dôme de Milan.* — Le nom de « dôme », nous déroute un peu, vu que nous ne l'appliquons jamais qu'à la coupole des bâtiments, tandis qu'en d'autres pays on lui a conservé la simple signification latine de « maison » (*domus*). Ici, point de coupole, mais au contraire quantité de pointes aiguës. L'ensemble est un bijou précieux rempli de sculptures, et qui a du moins le mérite de ne ressembler à aucun autre monument de cette espèce.

3. — *Les Nouveaux Dômes, à Berlin.* — Ils ne se signalent par aucune nouveauté architecturale, et font penser à quantité d'autres monuments connus, qu'ils rappellent par l'ensemble ou le détail.

4. — *Cathédrale de Strasbourg.* — Renommée pour la hardiesse de sa flèche et la curieuse horloge de Schwilgué, admirable de complications ingénieuses. Le soleil couchant, qui l'éclaire de ses rougeurs, nous rappelle péniblement les incendies de l'Année terrible, pénible souvenir sur lequel il ne faut pas insister.

5. — *Eglise Santa-Maria de Florence.* — D'aspect lourd et sans grâce, cet édifice ne vaut que par l'intérieur, qu'on dit somptueux mais que nous ne pouvons faire apprécier ici.

6. — *Cathédrale de Zurich.* — Simple et sans prétentions,

cette église se présente assez agréablement, grâce à ses deux tours élancées. On y remarque une statue de Charlemagne.

7. — *San-Lorenzo de Gênes.* — De réputation toute locale, cet édifice nous présente cependant une agréable construction de style roman, non sans beauté dans sa forme simple et sévère.

8. — *Saint-Marc de Venise.* — Qui, même s'il n'a pas été à Venise, ne connaît pas un peu Saint-Marc par les descriptions enthousiastes des poètes et des voyageurs? L'Orient a inspiré sa construction, assemblage de coupoles dorées et de portiques superposés ; l'Orient a fourni la décoration merveilleuse de son intérieur, amoncellement d'or et de pierreries.

9. — *Cathédrale d'Orléans.* — Tout ce qui rappelle Jeanne d'Arc émeut un cœur français et force l'admiration des étrangers. A part ses souvenirs, cette église est par elle-même un précieux joyau de l'art roman.

10. — *Notre-Dame de Paris.* — Comment oser en parler après Victor Hugo ? Nous vous présentons son admirable façade. Si vous êtes à Paris, allez la voir ; si vous n'y pouvez venir, lisez le livre du poète.

11. — *Saint-Pierre de Rome.* — Célèbre pour être le point central de la catholicité, cette église est encore remarquable par ses gigantesques proportions. Il faut avoir erré sous sa haute coupole et dans ses vastes nefs pour se rendre compte de sa grandeur, qui ne se voit pas au premier coup d'œil.

12. — *Cathédrale catholique de Dresde.* — La famille royale de Saxe, qui est catholique dans une ville protestante, a tenu à élever pour son culte une église qui lui fît honneur. Nous l'avons placée au nombre des belles églises d'Europe, c'est dire que ce projet a réussi.

213

Paysages Enchanteurs

1. — Joli petit lac suisse, couronné par les montagnes aux neiges éternelles.

2. — Petit pont, jeté hardiment sur un ruisseau aux eaux bouillonnantes, qui serpente entre deux montagnes.

3. — Bel échafaudage de maisons pittoresquement bâties sur le sommet d'une colline. Peut-être pourrait on seulement reprocher aux maisons quelques lignes trop droites, ne rappelant pas assez les jolies découpures des chalets suisses.

4. — Encore un pont, mais rustique, composé de deux troncs d'arbres. C'est primitif, mais les habitants s'en contentent; il leur est utile et cela leur suffit. Nous le préférons, nous, comme effet décoratif, à n'importe quel pont construit suivant toutes les règles de l'art.

5. — Cette petite habitation est un château-fort; on le reconnaît à ses créneaux et à ses mâchicoulis; mais la grandeur du paysage fait paraître le château peu important, et lui retire de son allure.

6. — Une succession de trois cascades, graduées de grandeur, qui se précipitent au milieu d'un décor sauvage et grandiose, pour former enfin un tranquille ruisseau.

7. — Ce tableau forme un véritable décor de théâtre, avec des plans successifs, très accentués en avant et presque éteints au fond, avec un éclairage approprié.

8. — Ce fleuve écumeux, qui roule ses flots avec fracas au milieu des rochers, est véritablement majestueux. On se rend compte de la force que renferme une pareille masse d'eau.

9. — Ces trois pics isolés, dressés comme trois dents, semblent de gigantesques menhirs élevés là par de fantastiques ancêtres.

10. — Véritable paysage de rêve, comme en traçait Victor Hugo. Les lignes, tracées comme au hasard, peu à peu prennent corps en recevant d'autres lignes, et, grâce à quelques accessoires ajoutés après coup, finissent par former un tout qui ne manque pas de grandeur.

11. — Cette abbaye fortifiée semble quelque monument d'un autre siècle, qui paraît protéger le moulin à eau établi près de lui.

12. — Quel joli effet d'éclairage, produit par le soleil couchant qui dore les feuilles rougies de cet arbre, et éclaire le flanc de la montagne! Les aspects de la nature sont innombrables et imprévus.

Les 12 vues chromolithographiques transparentes sur verre, **5 fr. 25.**

226-227

LA SŒUR DU PETIT POUCET

1. — Mlle Lili, plus connue sous le nom de Chaperon Rouge, était une jeune personne de caractère aventureux, et souvent bien des malheurs lui seraient arrivés, si son grand frère le petit Poucet n'avait pas été là pour l'aider. Un des grands bonheurs de cette enfant fantasque et volontaire était de quitter ses parents et de se promener dans la forêt. Heureusement que petit Poucet prenait ses précautions, et jalonnait le chemin avec ses petits cailloux blancs, dont vous avez déjà entendu parler.

2. — Or, un jour, ou plutôt une nuit, Mlle Lili se trouvait absolument perdue. Elle avait voulu visiter la mare aux grenouilles, et s'était égarée. Heureusement que le petit Poucet veillait ; grâce à ses cailloux, il put retrouver sa sœur, et la ramener saine et sauve au domicile des parents, très inquiets de la disparition de Lili, leur préférée, et de Poucet, si intelligent.

3. — Malgré cette aventure, Mlle Lili gardait la passion des voyages et des excursions lointaines, passion qu'elle avait puisée dans la lecture des romans de Jules Verne. Elle croyait aux fées, aux revenants, aux génies, dont elle avait lu les aventures dans les *Contes* de M. Perrault. Aussi, un autre jour, après avoir visité, dans la forêt, le fameux château des Sept-Tours et le rocher des Brigands, elle se perdit définitivement. Petit Poucet, parti à sa recherche, ne parvint à la retrouver qu'à onze heures quarante-sept minutes du soir, par une nuit sans lune, et naturellement sans réverbère, l'acétylène n'étant pas encore installé dans la forêt qu'ils habitaient.

4. — A minuit, alors que les douze coups sonnaient lentement à l'horloge du prochain village, un formidable coup de tonnerre retentit, et alors... frémissez ! tremblez !... une horrible sorcière, une vraie sorcière, enveloppée d'un vieux vêtement troué, et d'un rayon de lumière rouge, apparut soudain à leurs yeux. Effrayés, les enfants se serrent l'un contre l'autre, et n'ont plus une goutte de sang dans les veines, lorsque la sorcière leur dit, de sa voix criarde et menaçante : « Je vous mangerai demain, hachés comme chair à pâtés, petits imprudents qui osez vous présenter devant moi ! »

5. — Aussitôt, elle ordonne à petit Poucet d'allumer, le jour où elle va les faire cuire. Mais petit Poucet, peu habitué à ce genre de travail, et sans doute un peu intimidé à l'idée que ce feu est destiné à le transformer en rosbeef et en beefsteak, lui et sa sœur, fait un feu énorme, considérable, semblable à une fournaise, et capable de faire fondre le four. Aussitôt, la vieille sorcière, qui ne craint pas la chaleur, monte sur le bord du four pour retirer un peu de bois. Mais Mlle Lili, qui ne perd pas la tête, pousse l'effroyable vieille dans le feu, et ferme la porte « *en tirant la bobinette* », comme disait sa grand'mère.

6. — Heureusement que cela n'était qu'une épreuve destinée à l'effrayer ; et aussi, comme cela arrive dans les contes de fées, à ce moment précis une énorme pluie d'orage survint,

qui forma un ruisseau. Le jour disparaît, et à sa place paraît un superbe cygne, plus beau que ceux du lac du bois de Boulogne. Ce cygne, qui parlait, dit respectueusement à Mlle Lili : « La voiture de Mademoiselle et de Monsieur est avancée. » Et, en même temps, il ouvre ses ailes, comme on ouvre la portière d'un coupé ou d'un huit-ressorts. Mlle Lili s'empresse de monter, petit Poucet en fait autant, et le cygne les conduit, sur le ruisseau, jusqu'au domicile des parents. Là ils débarquent, en se mouillant les pieds, et, donnant au cygne le prix de sa course (trente-cinq sous avec le pourboire), rentrent, heureux, et jurent, mais un peu tard, qu'on ne les y prendra plus.

227
LA GARDEUSE D'OIES

1. — Il était une fois une méchante reine très jolie, mais vaniteuse, coquette et orgueilleuse, qui passait son temps à se regarder et s'admirer. Elle ne pouvait souffrir autour d'elle que des gens ayant une vilaine figure capable de faire ressortir sa beauté. Dans toutes les chambres du palais, il y avait des miroirs destinés à refléter son image, et à la répéter sous tous ses aspects.

2. — Un jour, elle aperçut, dans la basse-cour, une fille de ferme qui gardait les dindons, et qui était d'une beauté extraordinaire. Aussitôt, elle ordonne à ses gardes de la saisir, et de la tuer dans la forêt. Le garde chargé de cette mission se laissa attendrir par les supplications de la pauvre enfant, et lui laissa la vie sauve.

3. — En errant dans la forêt, elle parvint à la maison des Nains mystérieux, qui, tous vilains et contrefaits, furent tellement surpris et charmés de sa beauté, qu'ils la supplièrent de rester parmi eux. Elle y consentit, et n'eut pas à s'en repentir, car nous les voyons occupés à la servir et à prévenir ses moindres caprices.

4. — Un jour qu'elle dormait à la porte de la maison des Nains, une vieille femme lui demanda son chemin. Très poliment, elle le lui indiqua. Pour la remercier, la vieille femme, qui était une fée de première catégorie, l'endormit en faisant un souhait dont nous allons voir la réalisation.

5. — Les nains, en revenant, la trouvant dans cet état, la crurent morte, et se disposaient à l'ensevelir, lorsque le fils du puissant roi du Royaume-Heureux (dont on ne connaît pas l'histoire) passa par là. « Quel dommage que cette belle jeune fille soit morte ! dit-il, je l'aurais épousée. » A ces mots, la jeune fille se réveille, et le fils du roi, tenant sa parole, lui promet de l'épouser et de la faire reine.

6. — En effet, il l'emmena dans la magnifique capitale de son illustrissime père, à qui il la présenta comme sa future épouse. Le mariage eut lieu avec grande pompe ; les nains y furent invités ; et il y eut des fêtes magnifiques, si belles, si grandioses, qu'aucun historien n'a osé prendre la plume pour les écrire.

Texte pour accompagner 12 *vues de projection : non montées*, 1 *fr.* 10 ; *montées*, 5 *fr.* 25.

228

LE BRAVE TAILLEUR

1. — Un petit tailleur qui se sentait l'esprit héroïque rêvait d'aventures dangereuses, de monstres à braver et à tuer ; cependant il ne pouvait sur son établi occire que des mouches.

2. — Cependant ses désirs furent exaucés ; un jour qu'il se reposait sur un arbre énorme abattu dans la forêt, un géant se glissa sous l'arbre, et le chargeant sur l'épaule emporta le tailleur avec.

3. — Voyant que le petit tailleur n'était pas effrayé, il le laissa tomber auprès de la porte de son château. A son réveil, il le fit entrer ; le tailleur trouva là d'autres géants, et même une belle fille, qu'on lui offrit d'épouser, mais qu'il refusa parce qu'elle était trop petite.

4. — Deux des géants s'étant endormis après le repas d'un sommeil profond, le petit tailleur en profita pour s'évader ; mais, aussi malin que brave, il se risqua à les accabler, en partant, d'une grêle de pommes.

5. — Sur son chemin il fut attaqué par un énorme sanglier. Ne pouvant lutter avec lui, il l'attira dans une maison isolée, l'y enferma et se sauva par la fenêtre.

6. — Enfin son dernier exploit avant de reprendre son établi fut de lutter avec un cheval sauvage, qu'il dompta en lui passant habilement une corde au cou.

Le petit tailleur était un brave.

229

LES TROIS FRÈRES

Trois frères, étant partis pour exercer leur métier, rencontrèrent, dans une forêt, un petit nain sorcier. Celui-ci donna au premier une table, qui obéissait aussitôt quand on lui commandait de se trouver copieusement servie ; au second, il donna un âne, qui, sur commandement, éternuait des pièces d'or ; et, au troisième, un sac contenant un billot qui sortait et frappait à tour de bras, sans jamais s'arrêter.

2. — De là, ils s'arrêtèrent chez un aubergiste; mais, le premier lui ayant fait voir la vertu de sa table, l'aubergiste malin l'échangea pour une autre, et, lorsque le garçon voulut répéter la merveille, la table resta immobile, et tout le monde se moqua de lui.

3. — Celui qui avait l'âne fut trompé de même, et on lui donna un âne pareil au sien.

4. — Le troisième garçon, qui passait pour un bêta, eut l'esprit de confier son sac à l'aubergiste, en lui recommandant de ne jamais dire : « Billot, sors du sac! » L'aubergiste n'eut rien de plus pressé que d'enfreindre la défense; mais le billot, sortant du sac, le roua de tant de coups qu'il dut demander grâce et rendre ce qu'il avait volé.

5. — Le bêta, qui avait été le plus spirituel, monta sur l'âne, se chargea de la table et du billot, et rentra en triomphe à la maison.

6. — Tout le village accourut pour voir ces merveilles, féliciter les trois frères, partager leur joie, et aussi un peu leurs écus.

230

LE PETIT POUCET

1. — Deux pauvres bûcherons, qui avaient sept petits enfants, s'apercevant un jour que le pain leur manquait pour les nourrir, résolurent de les perdre dans la forêt. Le plus jeune des enfants, qu'on appelait le petit Poucet, entendit tout ce qu'ils disaient, et pensa toute la nuit au moyen d'éviter leur malheureux sort.

2. — Il se pourvut de petits cailloux blancs, qu'il sema le long du chemin, tandis que la petite famille suivait les parents sans défiance.

3. — Grâce à cette précaution, les enfants purent retrouver leur route et rentrer à la maison.

4. — Mais, peu après, le pain manquant de nouveau, on les perdit derechef; et, bien égarés cette fois, ils tombèrent, épuisés, dans la maison d'un ogre, qui voulait les dévorer aussitôt. Sa femme, prise de pitié, lui persuada de les laisser quelque temps sous le lit pour qu'ils devinssent plus gras et bons à manger.

5. — Dès le lendemain, le malin Poucet, ayant surpris le méchant ogre qui s'était endormi ivre mort, s'empara de ses bottes de sept lieues, qu'il chaussa aussitôt.

6. — A grandes enjambées, il se rendit au palais du roi; et celui-ci, ayant appris son histoire, partit aussitôt, tua le méchant ogre, et donna de l'argent aux parents pour nourrir leurs petits enfants.

LE FRÈRE ET LA SŒUR

1. — Deux jeunes enfants, frère et sœur, persécutés par une belle-mère, résolurent d'aller vivre seuls dans la forêt.

2. — Mais la méchante belle-mère, qui était fée, avait fait ses enchantements malicieux sur toutes les sources de la forêt, et le petit frère, ayant bu de cette eau, se trouva changé en petit chevreuil.

3. — Ayant trouvé une chaumière abandonnée, ils y vécurent pendant plusieurs années. Un jour, le roi, étant à la chasse, vit le petit chevreuil avec un ruban bleu au cou, il le suivit par curiosité; et, ayant vu la jeune fille, il en devint amoureux.

4. — Bientôt il emmena à son château la jeune fille et le petit chevreuil. La jeune fille devint reine.

5. — Une bonne fée, qui se trouvait là, l'endormit profondément, pendant vingt-quatre heures, et après ce temps lui rendit son frère revenu à sa première forme.

6. — Quelque temps après, la jeune reine vit son bonheur plus complet, en devenant mère d'un joli petit garçon.

232

MÈRE BIQUETTE

1. — Quand la mère Bique allait aux champs, elle ne manquait jamais de se retourner en sortant, et de leur répéter son avertissement : « Méfiez-vous du loup. »

2. — Le loup, qui était tout près de là, entendit cet avertissement ; mais il se dit en lui-même : « Je serai plus rusé que toi. » Et, de ce pas, il s'en alla chez le mercier acheter des jouets...

3. — ... puis chez le boulanger, où il fit provision de petits pains et de gâteaux...

4. — ... Et enfin il entra chez le meunier, et fit porter un sac de farine à la porte de la mère Biquette.

5. — Le rusé compère, caché derrière le sac, commença à faire des compliments aux chevreaux, et à leur offrir ses jouets et ses gâteaux. L'un d'eux lui avait déjà ouvert la porte, lorsqu'un autre, plus malin, qui avait aperçu l'oreille du traître, s'écria : « Au loup ! » Aussitôt, toute la famille détala prestement, et s'alla cacher dans des trous.

6. — A ce moment, rentrait la mère Biquette. Furieuse, elle éventra le loup de ses puissantes cornes, le jeta dans un puits, et toute la famille dansa autour une ronde joyeuse.

LE LIÈVRE ET LE HÉRISSON

1. — Le père Hérisson, gros et court, avait fait le pari, avec son confrère le lièvre, de battre celui-ci à la course. Le moment approchant, il était tout songeur, et regrettait son imprudence.

2. — Les deux lutteurs se rendent au but marqué, lequel était un grand poteau visible de loin.

3. — La famille du hérisson, composée de plusieurs petits aussi « boulots » que lui, consolent le père et l'invitent à prendre courage.

4. — La course a lieu au jour fixé; non loin du but, le lièvre se trouve à passer dans un immense champ planté de gros choux, où il s'embarrasse si bien les pieds qu'il culbutte à chaque instant et n'en peut sortir. Compère Hérisson, au contraire, s'en va glissant à travers les choux...

5. — ... si bien qu'il arrive au but le premier, et gagne la partie.

6. — Toute la famille du hérisson en conçut une grande joie, et l'on fêta son triomphe en buvant une bonne bouteille.

234

LES ANIMAUX

1, 2, 3, 4. — Voici une série d'animaux assez vilains, l'*orang-outang*, le *marmot*, le *babouin* et le *vilain singe rouge*, tous aussi laids les uns que les autres ; c'est bien le cas de dire : « Oh ! les vilains singes ! »

5, 6, 7, 8. — Nous allons avoir sous les yeux une plus noble série : le *tigre royal*, si fier et d'une si gracieuse allure ; le *lion*, le roi des animaux ; le *léopard*, avec sa robe si belle ; et le *loup cervier*, qui lui nous amène naturellement à la série suivante...

9, 10, 11, 12. — ... des animaux moins fiers, mais tout aussi carnassiers : tels que la *hyène*, cet amateur de viandes corrompues ; le *chacal*, le *renard* et le *loup*, ces trois ravisseurs malins et sans scrupules.

13, 14, 15, 16. — La famille des animaux lourds et puissants est ici représentée par le *glouton*, l'*ours*, l'*ours blanc* et l'*ours babini*, tous très agiles malgré leur apparence endormie et leur épaisse fourrure qui les alourdit encore.

17, 18, 19, 20. — Les animaux rapides que l'homme a pu mettre sous sa domination, le *tarpau*, le *cheval* et l'*âne*, vont courir sous nos yeux. Il en sera de même du *zèbre*, dont la domestication, si désirée, n'a pas encore été obtenue.

21, 22, 23, 24. — Nous voyons maintenant les gros animaux, derniers souvenirs des époques disparues, avec leurs formes tant soit peu antédiluviennes : l'*éléphant* d'Afrique, le *tapir* et le *rhinocéros* indiens, et enfin le *rhinocéros*.

25, 26, 27, 28. — Voici les navires du désert, le *dromadaire* et le *chameau*, représentant la vitesse et la sobriété ; le *lama*, ce gracieux animal qui figure dans les armoiries du Pérou, son pays d'origine ; et le *kanguroo*, si bizarre dans ses sauts et avec sa poche destinée à porter sa progéniture dans ses courses et promenades.

29, 30, 31, 32. — Nous voici dans la famille des animaux « haut encornés », comme disait La Fontaine ; et nous y voyons le *capricorne*, la *chèvre*, la *chèvre angora* et le *mou-*

ton. Ce sont des animaux à cornes de nos pays. Mais si nous passons aux vues suivantes, nous voyons...

33, 34, 35, 36. — ...le *bison américain*, le *bison dit européen* mais qui ne s'y rencontre guère ; le *yack* et le *buffle*, beaucoup plus puissants, mais toujours fort encornés.

37, 38, 39, 40. — Les animaux gracieux et rapides devaient avoir leur place dans notre collection. Aussi allons-nous voir, avec leurs formes graciles, le *chamois*, l'*antilope* ; l'*antilope mordant*, qui n'est qu'une variété du précédent ; enfin le *gnu* et le *daim*.

41, 42, 43, 44. — Ces animaux, peu connus de nos pays, vont céder la place sur notre tableau au *daim*, au *cerf*, au *chevreuil*, d'un aspect plus familier à nos yeux, et aussi du *renne*, qui doit être classé avec ces derniers.

45, 46, 47, 48. — Enfin, pour terminer, voyons les moins nobles des animaux : le *sanglier*, l'*hippopotame*, le *cochon d'Afrique*, et enfin le vulgaire *cochon* de notre pays, peu joli mais si intéressant en cuisine qu'on a pu dire de lui : « Tout en est bon, depuis les pieds jusqu'à la tête. »

237

Vues de la Suisse

1. — *Mont Rose et Lac de Ryffele.* — Ce lac morne et sans vie, sans habitation sur ses bords, ne manque pas d'une majesté triste. Bien que le mont Rose qui le domine l'éclaire d'une note gaie, c'est un paysage funèbre, aspect rare en Suisse.

2. — *Cascade de Lauterbrunnen.* — L'effet de cette cascade, qui se précipite du haut de la montagne comme un long ruban de 305 mètres, est d'un effet prodigieux. De près, ses eaux, fouettées par les vents, se divisent en une sorte de vapeur ou de nuage, qui vient, en atteignant la terre, y former un ruisseau d'une douce fertilité.

3. — *Interlaken.* — La masse imposante de la *Jungfrau* (« Montagne de la Vierge »), avec les jeux infinis de la lumière sur ses pentes glacées, est ce qui frappe le voyageur à Interlaken. Mais cet heureux pays, situé, comme son nom l'indique, entre deux lacs, jouit encore d'une situation ravissante, d'un air pur qui lui attire chaque année 50.000 étrangers.

4. — *Genève.* — Un coin du port, avec le Mont-Blanc pour fond, et l'agrément d'un puits artésien élevant ses eaux à une grande hauteur. La petite fontaine, grâce à l'éloignement, semble vouloir lutter avec la montagne.

5. — *Lac des Quatre-Cantons.* — Ce lac, qui occupe une grande étendue de Lucerne à Altdorf, est sillonné de bateaux à vapeur sur lesquels on peut faire de charmantes excursions. Au coin de la vue, on aperçoit une route fort curieuse taillée dans le roc.

6. — *Château de Valère et Mours.*

Une lune rouge et sanglante,
Dans les nuages se montrant,
Semble la menace effrayante
D'un fantastique revenant.

7. — *Bex et Dent du Midi.* — Petite vil e du canton de Vaud, renommée par ses salines. C'est bien l'aspect un peu sévère d'une ville industrielle. La Dent du Midi, qui la do-

mine, dresse au soleil couchant ses masses diversement colorées.

8. — *Matterhorn et Weisshorn.* — Pointes rocheuses célèbres par leur hardiesse et la magnificence de leurs aspects. Leurs sommets, leurs pentes et les villages couchés à leurs pieds prennent, sous les rayons argentés de la lune, une apparence fantastique.

9. — *La Jungfrau.* — La « Montagne de la Vierge », que nous voyions tout à l'heure blanche comme une fiancée, reflète au crépuscule les rougeurs du soleil couchant.

10. — *La Petite Scheidegg et l'Eiger.* — Ces énormes glaciers, voisins de la *Jungfrau*, sont l'objet de nombreuses excursions, à cause des sites variés et intéressants qu'ils offrent au touriste.

11. — *Grindelwald et le Wetterhorn.* — Mer de glace, grotte de glace, cascades et torrents, ces rochers gigantesques présentent des spectacles, grandioses ou curieux, infiniment diversifiés.

12. — *Château de Chillon.* — La prison de ce martyr de la Liberté, que les Suisses contemplent avec respect, est située dans un paysage admirable. Sous l'obscurité de la nuit, qu'argentent les rayons de la lune et que piquent de petites lumières, l'effet en est merveilleux.

Les 12 vues chromolithographiques pour la Projection, prêtes à être reportées sur verre, 1 fr. 10.

Ou, les 12 vues sur verre, prêtes à être projetées, en boîte, **5** *fr.* **25**.

103

1. — Mlle Yvonne est sage ; aussi sa maman lui a donné une belle poupée et un beau berceau. Jacquot et Azor sont jaloux. La jalousie est un vilain défaut. Mlle Yvonne est partie ; aussitôt Jacquot s'approche du berceau, et prend par le bras la superbe poupée. Azor grogne : ouah ! ouah ! et, se précipitant sur la poupée, tire de son côté. Nous voyons le résultat déplorable de cette dispute dont la pauvre poupée est l'innocente victime. Quand Mlle Yvonne revient, il ne lui reste plus que ses yeux pour pleurer. Azor est désolé de son action, mais cela ne raccommode pas la poupée ; et Jacquot a beau dire qu'il n'a pas déjeuné, cela ne console pas Yvonne.

2. — Minet est bien tranquille sur un banc, près du poêle, et réfléchit profondément, suivant son habitude. Médor et Azor, qui voudraient bien jouer, l'agacent d'abord, puis, voyant que leurs aboiements ne le dérangent pas, se décident à lui tirer la queue, qu'il a laissé pendre le long du banc. Furieux, Minet ne fait qu'un bond, et, d'un coup de griffe à droite accompagné d'un autre coup à gauche, aplatit Azor et Médor, qui méditent sur ce proverbe : « Ne réveillez pas le chat qui dort. » Cependant, mes deux gaillards ne veulent pas en rester là, et aussitôt ils se lancent à la poursuite de l'ami devenu l'ennemi commun. *Inde iræ* des deux côtés, poursuite, coups de pieds, coups de pattes, coups de dents, coups de griffes, et vainqueurs et vaincus sortent tous éclopés.

3. — M. Latruffe, charcutier distingué, vient d'acheter un superbe cochon ; il l'a attaché par une patte, et, accompagné de son chien, le conduit à son laboratoire pour le transformer en succulents boudins, en superbes saucisses. Il s'arrête pour allumer sa pipe, et pour être libre de ses mouvements serre sa canne entre les jambes. Le chien, en gambadant, heurte la canne, fait tomber M. Latruffe, et le cochon se sauve, poursuivi à toutes jambes par le charcutier. Il va être atteint, lorsqu'il aperçoit (je parle du cochon) un tonneau défoncé qui se trouvait là ; il croit avoir découvert une bonne cachette, et s'y introduit. Mais à ce moment Latruffe arrive, et roule vivement le tonneau, avec son contenu, jusqu'à l'officine, où il le dépècera pour prouver que *tout en est bon,* depuis les pieds jusqu'à la tête.

4. — M. Belalur se promène, suivi de son chien, un superbe caniche, intelligent et frisé (car l'un n'empêche pas l'autre). Le caniche, nommé Boby, marchant respectueusement à trois pas en arrière, porte le parapluie de son maître. Enfin, fatigué, il s'assied, se réservant de rejoindre son seigneur et maître. A ce moment, un mendiant passe, et aperçoit le superbe parapluie. Sans perdre son temps en vains discours, il propose à Boby le troc du parapluie contre une magnifique saucisse qu'on vient de lui donner. Boby, enchanté du marché, se sauve à toutes jambes pour rattraper M. Belalur, et le mendiant de son côté part à grandes enjambées. — Arrivée de Boby devant son maître stupéfait de voir son superbe parapluie de 25 fr. 70 changé en saucisse de 0 fr. 10.

5. — Le gorille du Jardin d'Acclimatation, s'apercevant de l'assoupissement du gardien, réfléchit qu'il pourrait bien faire comme il lui a vu faire, c'est-à-dire fumer la pipe qui sort de la poche. Il s'empare de la pipe, du tabac et des allumettes, bourre la première avec le second, et, comme il l'a vu faire au gardien, frotte une allumette sur son... pantalon. Malheureusement, son poil prend feu et le brûle horriblement ; et, furieux de ce fait, qu'il impute au gardien, il tire fortement les

cheveux du pauvre homme qui n'est pour rien dans l'affaire, et qui est ainsi volé, battu et pas content !

6. — Sommeil calme et paisible de M. Choufleuri. Le sommeil est dérangé par un hôte, petit mais incommode, que M. Choufleuri, après de nombreuses recherches, arrive à pincer entre le pouce et l'index, et incinère sans aucune cérémonie. (*Repasser les vues une seconde fois.*) Il se recouche, son sommeil est dérangé par un nouvel hôte, etc., etc.

7. — Le clown Zizi se propose de faire concurrence au célèbre, unique et renommé prestidigitateur Alber, que vous connaissez tous, n'est-ce pas ? Il va escamoter l'enfant placé sur la chaise. Pour cela, il l'enveloppe d'un morceau d'étoffe, retire brusquement l'étoffe, et, à la stupéfaction générale, montre que l'enfant a disparu. Il s'en va triomphant (mais peu poli), oubliant que le corps du délit, très visible, est accroché dans son dos. Allons ! Alber peut dormir tranquille.

8. — Zizi joue avec Bob, et, l'ayant fortement jeté à terre d'une maîtresse gifle, croit l'avoir tué. Désolé, il entraîne le soi-disant cadavre, qui tout d'un coup, prenant un point d'appui sur le fond du vaste pantalon, fait un rétablissement, et brusquement aplatit le porteur absolument stupéfait du choc.

9. — La promenade à âne est la distraction favorite du jeune Félix, qui a bonne allure, — mais qui, non content d'aller au pas, va au trot, — puis veut faire prendre le galop à sa monture. Celle-ci, bien qu'étant un âne, est têtue comme une mule, et refuse d'avancer ; — puis, brusquement, devant l'insistance du cavalier, fait un brusque mouvement de côté, puis une ruade qui désarçonne Félix. Le pauvre écuyer va s'allonger sur le gazon, où il peut constater qu'il y occupe un espace de 1^m 49 de long.

11. — M. Cryptogame, naturaliste distingué, aperçoit un escargot extraordinaire, comme il n'en a jamais vu. — Aussitôt il le mesure avec son parapluie, l'examine, ce qui fait rentrer le timide animal dans sa coquille. — Enfin, il veut le retourner, et pour cela le soulève péniblement, avec effort, — lorsque brusquement l'escargot fantastique se dresse, et bouscule M. Cryptogame qui n'a jamais vu pareille apparition. Il faut maintenant vous expliquer que cette scène se passe au cirque, et que les deux acteurs sont des clowns agiles.

12. — Le jeune garçon de café est enchanté de son métier, et il n'a pas son pareil pour apporter une consommation à bout de bras, en criant : « Boum ! voilà ! » Plein de confiance en son adresse, il échafaude les assiettes, les carafes, les bouteilles et les verres de tout un repas, qu'il porte tout en se jouant. Il finit même par jongler, pour ainsi dire, avec son matériel, — jusqu'au moment où, glissant sur une pelure de pêche, il perd l'équilibre, lui, sa porcelaine et sa verrerie ; et perd en même temps sa place, car il reçoit immédiatement son congé, accompagné de la signature du patron dans la partie la plus large de son individu.

Texte pour 12 bandes de verre en couleurs chromolithographiques, formant 48 vues, en boîte, **10** *fr.*

E. MAZO,
8, boulevard Magenta, Paris.

104

UNE SOIRÉE AU CIRQUE

1. — Les exercices du cirque sont toujours amusants et pleins d'intérêt; on est toujours étonné de voir faire, sur un cheval lancé au galop, des tours de force qui déjà paraîtraient merveilleux terre à terre.

2. — On donne parfois aux exercices une apparence mythologique qui en double l'intérêt : tel cet Hercule, jouant avec un enfant ailé qui représente Cupidon.

3. — Des femmes, des enfants, y viennent faire preuve d'une adresse et d'une intrépidité auxquelles elles ajoutent une note gracieuse.

4. — Les mésaventures comiques d'un paysan turlupiné par un Pierrot provoquent les éclats de rire, et finissent joyeusement la soirée.

LA REVANCHE DES BÊTES

1. — Nous domestiquons les animaux, nous les chassons, nous les mangeons ; elles se vengent quelquefois : témoin ce chasseur, qui est renversé et foulé aux pieds sous la course folle de deux cerfs qu'il espérait tuer.

2. — Autre surprise : une famille bourgeoise, tranquillement installée à dîner sous la tonnelle, voit un énorme chien sauter sur la table, et emporter le rôti en bousculant tout le monde.

3. — Cette fois, c'est un cheval rétif et capricieux, qui emporte une écuyère sur les bords d'un précipice, où elle court les plus grands dangers.

4. — « Sautera, sautera pas ! » Quand un cheval a résolu de ne pas sauter une barrière, il est difficile de l'y décider, même en se mettant à deux.

VOYAGE PITTORESQUE

1. — La danse italienne, par deux petits pâtres. Heureux peuple, qui, sobre et content de peu, prend son plaisir à la pratique de deux arts gracieux et charmants : la danse et la musique.

2. — Un paysan italien allant au marché, dans une carriole rustique, établie à peu de frais, mais qui n'est pas sans grâce.

3. — Dans la vaste étendue aride du désert, le chameau rapide emporte l'Arabe nomade sur les sables mouvants.

4. — Sur les plaines glacées du Nord, rien n'est plus séduisant que de se laisser emporter sur la glace, dans un traîneau attelé de trois bons chevaux.

104 B

LUI ET ELLE

1

La rencontrant sous le grand chêne,
Il offrit sa main et son cœur.
Rien ne séduisit l'inhumaine,
C'était pourtant un grand seigneur.

2

C'est qu'hier, sous le même ombrage,
Un ami qu'elle surprit
S'essayait à peindre une image :
C'était la sienne qu'elle vit.

Les Enfants sont des Hommes

1. — Les enfants reproduisent en petit nos instincts, nos passions, nos travaux. Le petit Jules, qui vient de faire un dessin, n'ose le montrer à sa sœur, et grille de le lui faire voir. Le bon chien les regarde, et n'y comprend rien.

2. — Les petits orphelins, abandonnés dans un coin de leur chaumière, oublient leur misère dans les douces satisfactions de l'amour fraternel.

3. — Ils sont gourmands aussi, les petits pâtres. Pas trop, mais un peu. Mais il est bien doux, sous la treille, de partager une belle tartine de confitures.

4. — Enfants de la campagne, nous travaillons dès le jeune âge. La petite gardeuse d'oies annonce déjà les rustiques vertus de la fermière.

PAUVRES ET PETITS

1. — Ne te lasse pas, bon pâtre, de contempler le sublime paysage qui t'entoure. Tes plaisirs simples sont les plus durables, et si tu savais le reconnaître tu es plus heureux qu'un roi.

2. — Eh! bien, maman, il faut la lui donner. — Quoi donc? — La lune! — Tous les enfants la demandent; personne ne la leur donne, mais c'est un tort de la leur promettre.

3. — Les pauvres aveugles sollicitent de leur mieux la charité des passants. Ne les oubliez pas. Un petit sou, s'il vous plaît!

4. — Oh! le petit gourmand! qui mange goulûment sa tartine, sans en donner la moindre miette au coq et à la poule.

---

104 C

PAYS DU NORD

1. — Il faudrait presque les habiter pour les connaître bien. Cependant, même pour le voyageur, ils offrent des tableaux d'un pittoresque charmant. Tel est ce château au milieu des marais.

2. — Leurs tableaux de dévastation et de mort atteignent l'extrême de l'horreur, et ne sont pas dépourvus d'une étrange beauté.

3. — Au milieu de la neige et d'une nature sans charme apparent, l'homme anime tout par son industrie et son travail. Il sait se construire de plaisantes demeures sur un sol glacé.

4. — Un coin de château princier : les fenêtres resplendissent de lumière ; l'escalier somptueux, les statues, indiquent une demeure princière. Il y a grande fête, et la Lune, curieuse, regarde entre les branches.

Les Fâcheux

1. — On les appelait ainsi du temps de Molière. Nous disons aujourd'hui les crampons. C'est, par exemple, ce gros et sa femme, des Cent-Kilos peut-être, qui écrasent de leur poids un voisin en chemin de fer.

2. — Ce sont ces malfaisantes commères, qui se disent à l'oreille les cancans et les méchancetés du pays.

3. — C'est le voleur audacieux, qui profite de l'inattention de l'amateur de bouquins pour explorer ses poches.

4. — C'est, enfin, l'indiscret quelconque, que l'on ne peut faire sortir de chez soi, sinon en lui imprimant son pied quelque part.

IL FAUT RIRE

1. — Mon Dieu ! oui, il faut rire, et même des plus simples incidents, qui ne sont pas les moins comiques. Soit, par exemple, du boucher en course, qui heurte par accident un jeune beau de village, et jette par terre son chapeau tout neuf.

2. — Ou du bon bourgeois, qui, s'étant hasardé à sortir un jour de carnaval, reçoit d'un Pierrot folâtre un renfoncement dont il est fort surpris.

3. — Comment rencontrer un rétameur, chargé d'un énorme chaudron de cuivre, sans avoir l'envie d'en faire un tam-tam? Ainsi pense le petit apprenti flâneur, qui va ameuter tout le quartier.

4. — Un bon bourgeois, au cabaret, attend son souper ; le garçon l'apporte, mais, mordu par un chien à la jambe, il laisse tomber avec son plateau ragoût, verre et bouteille. Je laisse à penser qui rira le dernier.

104 D

LES HORREURS DE LA MER

1. — Le Phare. La lune disparaît dans les nuages; le phare, signal sauveur dont la clarté brille au loin, n'empêche pas la rigueur des flots, contre lesquels barques ou navires luttent avec peine.

2. — Le feu à bord. Terrible fléau contre lequel l'eau qui vous entoure ne suffit pas à vous protéger; fléau menaçant d'un sort pareil le navire qui s'approche pour vous secourir.

3. — A tous les dangers de la mer, les grands orages ajoutent le leur : le tonnerre gronde, l'éclair luit, et le navire est bientôt en entier consumé.

4. — Non contents de lutter contre les fléaux de la nature, les hommes y ajoutent ceux de leurs discordes, et c'est pourquoi deux navires qui devraient s'entr'aider échangent des coups de canon au lieu de bons services.

LA SUISSE

1. — Aucun pays n'est resté, jusqu'à ce jour, aussi rapproché de la nature. Hommes et animaux y aiment leur sol, et la douce vache, qui entend le *Ranz* national, y prend peut-être autant de plaisir que le bouvier qui la conduit.

2. — Dans le cadre agreste et pittoresque qui les entoure, les moutons richement toisonnés défient la palette du peintre, et semblent rêver de Florian ou de Virgile.

3. — « Salut à mon pays ! » dit le montagnard attendri qui revoit, au retour d'une absence, ses hautes cimes et ses verdoyants vallons.

4. — « Salut à notre pays », dit la jeune laitière, en revoyant son fiancé; et l'aspect, à la fois simple et grand, du paysage qui les entoure se reflète dans leurs yeux.

LES ROCHERS

1. — Ces amas de pierre grossiers, et peu attrayants de prime abord, servent pourtant à faire, dans le plan de la Nature, de sublimes ou pittoresques paysages, comme les chutes du Niagara ou les cascades de la Suisse.

2. — Ils créent des défilés, des chemins caverneux, pleins d'une sombre horreur, mais d'une majesté grandiose.

3. — Sur leurs sommets, l'homme plante des castels gothiques, dont les tourelles rompent l'uniformité de la pierre.

4. — Ou des maisons de plaisance, qui produisent le même effet, d'une façon moins sinistre. C'étaient, autrefois, des sentinelles que l'on regardait avec effroi; ce sont, aujourd'hui, des points de repère que l'on contemple avec plaisir.

Les 48 vues montées sur bandes de verre, prêtes à être projetées, 10 *fr.*

105

1. — L'étonnant cirque Blaguefort et les prestigieux exercices de ses étonnants artistes. Zim! Boum! Boum! En avant la musique! Et admirons le cheval dressé en liberté, Mlle Irma dans sa haute école, le clown Lo-Lo et son cochon dressé qui saute, danse, et un peu plus dirait papa et maman; puis, encore, la danseuse de corde polonaise Lodoïska, qui, en équilibre sur un fil de fer, jongle avec des boules et avec les lois de la pesanteur.

2. — Voici aussi les célèbres Alt brothers, les rois du tapis, ainsi nommés parce que leurs exercices consistent à être toujours en l'air; le célèbre et incomparable dresseur de chiens Bankok, avec ses trois caniches si intelligents qu'on dirait des *personnes naturelles*; le cheval savant et son maître : ce superbe alezan, qui n'est ni noir ni pommelé, mais du plus beau blanc, découvre un mouchoir caché, et l'apporte poliment à son maître, sans se moucher dedans, ce qui prouve son éducation. Enfin, voici, pour terminer, le clown Ok-ke-télé, qui réjouit le public par ses grimaces.

3. — Le général Boum et le voltigeur : « Tu as mal aux dents, mon garçon? Prends dans ta bouche, à droite une cuillerée d'eau chaude, et à gauche une cuillerée d'eau froide. Reste comme ça, sans avaler, jusqu'à demain matin, et tu seras guéri. »

Est-ce un homme, est-ce un coq? Nous n'en savons rien; mais on voit bien à son allure que ce n'est pas une poule mouillée. Cocorico!

L'amiral suisse, sur son cheval de bataille, explorant la région des grands lacs avec la longue-vue télescopique de l'opticien Mazo, la seule qui permette de ne rien voir à petite distance, et qui de loin cache entièrement la vue!

M. Cadet Roussel, fils de son père du même nom, part en guerre contre deux innocentes mouches, et pour être sûr de ne pas les manquer, il les a attachées à un fil. C'est absurde, mais ça vous fait rire, n'est-ce pas? C'est le principal!

4. — Les jeux de l'enfance : Villégiature et grand air de Mlle Lili, qui ne sait pas faire son bouquet. — Le petit mendiant recevant la moitié du déjeuner des deux enfants charitables. — La voiture qui n'a rien d'automobile : le cheval, figuré par le brave Azor, n'a pas l'air de vouloir faire du soixante kilomètres à l'heure. — Marguerite donne des pommes à Louisette : « Pourquoi ne m'en donne-t-on pas, à moi? » se dit le jeune Édouard, rendu rêveur.

5. — Mlle Lili, devenue grande, sait, avec les fleurs qu'elle a cueillies, faire un beau bouquet. — La leçon de chant : Que c'est beau! que c'est harmonieux! On se croirait au Conservatoire des fausses notes. — Louise a une belle poupée, mais elle la dédaigne, et préférerait posséder les atroces poupards que vend la mère Picon : toujours l'envie de ce qu'on n'a pas, et le dégoût de ce que l'on possède. — Le jeu de balle : « A toi! à toi! à moi! à toi! à moi! » jusqu'au moment où la balle tombe par terre. C'est passionnant.

6. — La Chine et ses curieux habitants. Voici d'abord la brouette chinoise. Attention à l'équilibre! Il n'y a qu'une voyageuse, et la roue est sur le côté. Voilà maintenant un

puissant seigneur, auquel on vient rendre compte de l'état de la récolte du thé : la récolte est mauvaise car le fermier est bien rampant. De nouveau, nous voyons la brouette : cette fois, elle est mieux équilibrée, mais que les infortunés voyageurs sont donc mal assis, avec un pied en l'air et l'autre dans l'étrier ! Enfin, admirons le mandarin Fou-Chou-Lit, au bouton de cristal : vous pouvez lire son nom et ses titres sur la petite pancarte portée à côté de lui.

7. — Je vous présente maintenant un véritable panorama mouvant. Voyons défiler sous nos yeux d'abord des paysages tropicaux, avec leur végétation luxuriante de bananiers, de manguiers, de cèdres, de hautes herbes enchevêtrées, et de temps en temps quelques cases légères suffisantes pour abriter les habitants de ces régions.

8. — Quel ravissant petit coin ! On voudrait habiter cette petite maison, si bien située et si pittoresque. Elle doit être plus agréable à habiter que l'imposant château que nous voyons maintenant se dresser au sommet de la montagne. Je lui préfère sûrement la petite maison, ou encore cet élégant moulin, et la chaumière d'où viennent de sortir les deux vaches qui vont boire au ruisseau. Pour ceux qui préfèrent la ville à la campagne, voici une charmante petite ville adossée au coteau, bordée d'une belle rivière, et qui promet une existence tranquille à l'amateur de grand air et de beaux sites.

9. — Notre panorama nous déroule une vue d'hiver. La neige couvre le sol, et les petits oiseaux sur les branches trouvent difficilement leur nourriture, que ce soit devant ce château, ou aux bords de la rivière où des bûcherons recueillent du bois de chauffage si nécessaire. Malheureusement la fonte des neiges grossit les rivières et provoque d'épouvantables inondations où les malheureux habitants perdent tous leurs biens, voient leurs maisons détruites, heureux encore si on parvient à les recueillir et à les sauver d'une mort affreuse.

10. — Après ce spectacle beaucoup trop triste, nous serons heureux de voir de gais paysages, comme cette échappée sur les montagnes, ou cette rivière qui serpente entre les arbres, si bien éclairée, avec des oppositions de lumières et d'ombres. Cette route, qui monte doucement et passe sous cette porte fortifiée, donnerait envie de voyager et de se promener de ce côté, surtout si au bout de la promenade on arrivait à cette jolie mare, égayée par une bande bruyante de canards barbotant et plongeant dans l'eau claire comme un miroir.

11. — Nous voici maintenant dans la campagne romaine, au ciel d'un bleu pur sans nuages, parsemée de châteaux modernes, de ruines, et d'habitations. Les perrons y alternent avec les fûts de colonne brisés, et l'horizon est coupé par les dômes, les arbres, et par des ruines imposantes.

12. — Rapidement, nous pouvons quitter l'Italie, et admirer la Suisse, et ses chalets si pittoresquement entourés d'eau, ses maisons, ses montagnes éclairées par les feux du soleil ; et brusquement faire succéder à ce tableau ensoleillé un paysage polaire, avec ses banquises, son navire perdu dans la solitude et son pâle soleil.

Texte pour 12 bandes de verre format 48 vues en couleur.......... 10 fr.

107

CENDRILLONNETTE

Cendrillon, opprimée par ses sœurs et sa belle-mère, comme chacun sait, est seule dans sa cuisine, occupée aux plus pénibles ouvrages. Elle nourrit des pigeons pour se distraire, et, un jour qu'on lui a refusé de l'emmener à une fête avec ses sœurs, elle envoie un pigeon dire sa peine à sa marraine, qui était fée.

Le lendemain, elle reçoit une réponse de sa marraine, qui lui dit d'aller avant le jour sous le plus grand ormeau, près de l'église. Et, là, elle trouva un habillement magnifique, lui permettant d'aller retrouver ses sœurs au bal.

Elle assista à toute la fête, et y eut le plus grand succès. Le prince, qui s'y trouvait, admira sa grâce et sa beauté, et dansa souvent avec elle. Ses sœurs, quoique ne la reconnaissant pas, s'en montrèrent très jalouses.

Forcée, sur la recommandation de sa marraine, de partir avant minuit, elle perdit en route une de ses pantoufles. Cette chaussure était si belle et si mignonne que le fils du roi en eut la tête troublée ; il déclara qu'il épouserait celle qui pouvait chausser un si joli petit soulier. Dès le lendemain, on commença l'épreuve par tout le royaume ; et Cendrillonnette fut la seule qui eut le pied assez petit pour chausser la merveilleuse pantoufle.

Le prince, fidèle à sa promesse, épousa Cendrillon. Il y eut de grandes fêtes de toutes sortes, des tirs à l'arc ; et un pigeon blanc, qui avait évité les coups de flèche, vint se poser sur la main de la nouvelle reine, qui reconnut celui qu'elle avait envoyé en message à sa marraine.

LES TROIS DONS

Il y avait une fois trois gars si bêtes qu'ils ne savaient rien faire. Leur oncle, qui était sorcier, leur fit en mourant trois cadeaux : à l'un, un anneau qui lui permettait de se faire venir instantanément une table toute servie ; à l'autre, un âne qui éternuait des écus ; et au troisième, un bâton qui frappait tout seul à son commandement.

A peine sortis de leur village, ils essayèrent leurs dons. Le premier se fit servir un bon déjeuner ; mais l'hôtelier, qui l'avait vu par une fente de la porte, s'empressa de renvoyer un client qui aurait ruiné sa maison.

Le second était émerveillé de la faculté de son âne, et il s'occupait tellement à ramasser les pièces d'or et à empêcher qu'on ne lui volât son âne, qu'il n'avait pas seulement le temps de manger.

Le troisième se servait de son bâton à tout propos, et au moindre mécontentement il faisait jouer le bâton, si bien qu'on le chassait de partout, et que personne ne voulait plus le recevoir.

Un jour qu'ils étaient devenus tous les trois amoureux d'une belle jeune fille, ils vinrent la demander aux parents, et voulurent étaler devant eux les dons dont ils étaient si fiers.

Mais le père, qui était un homme de bon sens, leur dit :

— Vous, vous êtes un querelleur, allez-vous en avec votre bâton. Vous, partez avec votre âne, car vous n'êtes qu'un avare. Et vous, hors d'ici avec votre table toujours servie, vous n'êtes qu'un gourmand ou un fainéant imbécile.

Le Sultan de Bassorah

1. — Ce grand sultan était de mauvaise humeur et s'ennuyait; il avait beau considérer sa grande ville aux minarets éclatants, aux dômes tout dorés, les salles magnifiques de son palais et ses jardins enchantés, il ne trouvait pas de remède à sa tristesse. Les plus grands magiciens du pays furent appelés, et l'un d'eux, le plus vénérable par son costume et sa barbe blanche, lui répondit : « Il faut voyager : allez voir aux Indes la reine de Saba, celle que consulta Salomon ; elle seule est capable de vous guérir du mal qui vous dévore. »

2. — Après un long voyage, le sultan arriva chez la puissante reine de Saba ; il fut étonné de la prospérité de ses États et de la prodigieuse richesse de ses palais. Dans la salle où la reine le reçut, les murs étaient garnis tout autour de statues en argent plus grandes que nature, représentant toutes les vertus. « Excepté une, lui dit la reine. Le magicien Sésame, seul, sait où je pourrais la trouver ; mais il faudrait aller le lui demander, et je ne puis faire ce voyage. « Le sultan, complaisant s'offrit à le faire à sa place.

3. — Il arriva, deux mois après et ayant couru beaucoup de dangers, chez le magicien Sésame, qu'il trouva dans un palais enchanté où personne ne pénétrait et qui était rempli de magnificence. Le magicien apparut vêtu d'une robe de pourpre ; une auréole dorée, qui semblait sortir de sa tête vénérable, l'entourait constamment, et jetait une religieuse terreur dans l'âme de ceux qui l'approchaient.

4. — Le magicien, l'ayant emmené dans une des salles de son palais, lui présenta une femme voilée et lui dit : « Prends cette femme, et emmène-la chez toi. »

5. — Et aussitôt, ayant fait un signe de sa baguette, le magicien transporta le sultan et lui dans la salle aux statues de la reine de Saba ; et, ayant placé la femme sur le socle où il manquait une statue, il dit au sultan : « Tu feras faire chez toi une salle pareille à celle-ci, et à la place vide tu mettras la femme que je te donne, et qui est la Bonté. »

LE VIEUX PÊCHEUR

Il était bien pauvre, bien vieux, et bien fatigué de jeter son filet dans les eaux du palais sans en retirer beaucoup de poisson. Y ayant trouvé un jour un vieil anneau de cuivre, il s'amusait à le frotter pour le nettoyer, quand un grand et magnifique génie lui apparut et lui dit : « Viens avec moi. »

Il l'emmena chez le sultan, qui était dans son palais, et qui s'ennuyait beaucoup, ayant épuisé toutes les distractions. Le génie, qui s'était déguisé en grand vizir, dit au sultan :

« Voici un pêcheur qui est doué par le ciel d'un pouvoir merveilleux sur les poissons. » Alors ayant fait mettre les poissons dans un plat et ce plat sur le feu, il arriva que les poissons se dressèrent sur la queue et se mirent à danser. Le sultan s'amusa beaucoup et lui dit : « Que veux-tu ? » Le pêcheur répondit : « Je voudrais être grand vizir. — Eh ! bien, reprit le sultan, tu le seras. » Et il l'expédia aussitôt, comblé de présents et de richesses, chez un vieux sultan du voisinage, qui l'accepta en qualité de grand vizir.

Malheureusement, le magicien l'avait doué d'un pouvoir plus grand qu'il ne pensait ; car ayant un jour, dans un mouvement de mauvaise humeur, appelé le sultan vieille grenouille, celui-ci fut aussitôt changé en grenouille, si bien que les courtisans couraient dessus et voulaient le tuer.

Et même, sa femme ayant un jour placé sa chère grenouille dans une grande feuille de palmier à l'abri du soleil, un esclave, qui n'était pas prévenu, allait lui trancher la tête, indigné de la voir caresser ce monstre, quand par bonheur le vizir survenu empêcha ce crime.

LES SEPT CYGNES

1. — La femme du baron Coronoff se désolait de n'avoir point d'enfants, car son mari, homme violent et coléreux, le lui reprochait constamment et la rendait malheureuse. Un jour, pendant son sommeil, le fils de sa nourrice lui apporta pour la distraire sept jeunes chiens qui venaient de naître, et les déposa sur son lit.

2. — Le baron entra en fureur à cette vue, il lui sembla que c'était se moquer de leur peine. « Ce n'est pas, dit-il à sa femme, sept petits chiens, mais sept enfants que vous devriez avoir, pour constituer notre maison. » Alors il ordonna que sa femme fût enterrée à mi-corps, et ensuite étranglée avec ses cheveux, qui étaient fort beaux et d'une longueur extraordinaire.

3. — Mais le fils de la nourrice avait gagné un des bourreaux avec de l'argent, et celui-ci laissa sa pauvre dame s'échapper dans la forêt, où il prétendit l'avoir enterrée. Les petits chiens furent jetés à l'eau, et l'on vit le lendemain sept beaux cygnes nager sur la rivière.

4. — Pendant ce temps-là, le fils de la nourrice, qui avait suivi secrètement sa maîtresse, la conduisit au château de son père. Or, un matin qu'il se promenait près du fleuve, il vit sept cygnes blancs s'approcher de lui. Et, à mesure que l'un d'eux prenait pied sur le rivage, il se transformait en un bel enfant blanc et rose, qu'il conduisit en troupe à sa maîtresse.

LA FÉE DE LA RIVIÈRE

La femme d'un grand et puissant seigneur d'Allemagne était dans une grande tristesse, parce que son mari, parti pour la Croisade, tardait bien à revenir. Une femme vêtue de blanc, qu'elle trouva un jour dans une grotte près de la rivière, lui donnait des consolations, mais un jour elle lui dit : « Ayez du courage, j'ai lu dans le ciel que de grands malheurs allaient fondre sur vous. Il ne m'appartient pas de les empêcher, mais, de loin, et autant qu'il me sera possible, je veillerai sur vous. »

Quelques jours après, un autre seigneur du voisinage envahissait le pays, mettait le feu au château, et aurait infailliblement tué la comtesse, si sa protectrice ne lui avait fait parvenir des habits de servante qui lui donnèrent la facilité de s'enfuir en secret, après avoir vu ses deux enfants emportés par les soldats.

Après avoir péniblement marché pendant bien des jours, elle arriva dans une grande ville d'Allemagne, où habitait un parent de son mari, qui la reçut fort bien et l'installa chez lui.

Mais un jour, la vieille servante lui ayant appris le retour de son époux, elle voulut aller le rejoindre.

Mais son bienfaiteur, qui était devenu amoureux d'elle et avait formé le projet de l'épouser, s'opposait de toutes ses forces à son départ. Quand il reconnut qu'il ne pouvait triompher de sa résolution, il entra en fureur et la fit jeter dans un cachot.

Elle gémissait depuis longtemps dans cette prison, quand un jour, regardant avec tristesse une bague qu'elle portait au doigt et que lui avait donnée celle qu'elle appelait Fée de la rivière, avec recommandation de ne jamais la perdre, elle baisa tristement la bague. Aussitôt une grande fumée remplit son cachot, et la dame en blanc apparut, accompagnée de deux enfants, et lui dit : « J'attendais votre appel. Venez, suivez-moi. »

Ce texte est destiné à accompagner 12 bandes de projection en couleur, formant 48 vues. Prix, 10 fr.

108

Histoire d'Aladin
ou la Lampe Merveilleuse

1. — La veuve d'un pauvre tailleur n'avait qu'un fils, qui profitait de la faiblesse de sa mère pour vagabonder avec les polissons de son âge. Un jour, un magicien l'entraîna secrètement.

2. — Il le fit descendre dans un trou profond, où lui-même ne pouvait pénétrer, et Aladin se trouva bientôt dans un bassin rempli de merveilleuses richesses.

3. — Dans une des salles, il vit un génie, de grandeur surnaturelle, qui lui remit une vieille lampe, et lui dit : « Quand tu frotteras cette lampe, tu en obtiendras ce que tu voudras, en vases d'or, d'argent, ou en pierres précieuses, comme ceux dont tu me vois entouré. »

4. — Muni de ce talisman, le jeune Aladin s'entourait de richesses incalculables, qu'il vendait facilement aux marchands du pays.

5. — Un jour qu'il se trouvait près du sérail, il vit, à travers la lézarde d'une muraille, la fille du roi qui se rendait au bain, et il en devint follement amoureux.

6. — Il n'eut aucun repos jusqu'à ce qu'il eut décidé sa mère à aller se jeter aux pieds du sultan pour lui demander sa fille en mariage, ce qui était une audace impardonnable.

7. — Un traître s'était introduit dans le palais du sultan. Au moyen de sa lampe merveilleuse, Aladin le força à avouer lui-même son crime, et le fit tomber mort de frayeur aux pieds de son maître.

8. — Le sultan, reconnaissant, consentit à lui accorder la main de sa fille, et fut émerveillé des richesses qu'Aladin déploya devant lui à cette occasion.

9. — Cependant, des jalousies mortelles s'étaient éveillées contre lui, et le sultan, trompé, le condamna à mort; son bon génie le fit évader en substituant un esclave à sa place.

10. — Aladin, en s'évadant de prison, était tombé dans la mer. Le génie qui le servait l'en tira sain et sauf.

11. — Le sultan était tombé dangereusement malade, et sa maladie, sans qu'on pût comprendre pourquoi, s'aggravait chaque jour.

12. — Aladin, à l'aide de sa lampe, fit reconnaître qu'un faux médecin qui en voulait à la vie du sultan était l'auteur de cette maladie dangereuse, qu'il entretenait. Il tua de ses mains l'imposteur, et s'attira la reconnaissance éternelle de son beau-père.

108

Le Camp du Dragon

1. — Il y avait, au temps des Croisades, dans une ville d'Asie, un Dragon qui jetait partout la terreur; tout le monde fuyait devant lui, épouvanté.

2. — Un chevalier de l'ordre de Malte vint demander à son Grand-Maître la permission de combattre le Dragon en combat singulier.

3. — Un ouvrier habile proposa de lui construire une cuirasse aussi grande que le monstre, mais le courageux chevalier ne voulut que sa cuirasse ordinaire et sa lance.

4. — Il se présenta hardiment devant la bête, et engagea le combat; mais l'animal furieux était si redoutable qu'il ne parvint à lui faire aucune blessure.

5. — Le Dragon continuait donc ses ravages dans le pays, et ses victimes étaient de plus en plus nombreuses.

6. — Même, il emporta dans son antre un saint hermite, dont la mort fut grandement regrettée.

7. — Le chevalier passa alors une nuit en prières devant l'image de la Madone, lui demandant de nouvelles forces pour renouveler sa tentative, et jurant de vaincre ou de mourir.

8. — Il retourna alors vers le Dragon, et engagea un nouveau combat; mais sa lance semblait sans force contre l'épaisse cuirasse naturelle du monstre.

9. — Le chevalier fut même jeté à terre, et allait périr sous une mortelle étreinte, quand il parvint à enfoncer son épée dans la poitrine de la bête, son seul endroit vulnérable, et la tua court et net.

10. — Cet exploit accompli, il s'en alla tranquillement. Quand on sut que le Dragon était mort, chacun venait contempler sa grandeur et sa force; mais on ignorait qui avait pu abattre et détruire un animal aussi redoutable.

11. — Le chevalier, humble et modeste, fut mandé près du Grand-Maître; mais, comme il se bornait à répondre : « Ce n'est pas moi », le Grand-Maître le chassa ignominieusement, comme ayant manqué à son vœu.

12. — Enfin, mandé de nouveau, il implora la Vierge, et se borna à répondre : « C'est ceci »; et en même temps sa main se tournait vers la croix rouge suspendue à la muraille. De là, malgré, sa trop grande modestie, chacun dut reconnaître sa bravoure et sa foi.

108

1 *Les Fondeurs* Dans le puissant fourneau, la matière bouillonne,
Et va sortir en frémissant;
C'est là que tu naquis, ô cloche qui résonnes,
Dont je veux noter les accents.

2 *Le Baptême* L'homme naît, toi tu chantes, et ta voix claire et douce
Porte au ciel un remercîment;
Qui se mêle à ces cris que, sous ses langes, pousse
L'enfant en son vagissement.

3 *La Ménagère* La cloche du matin dit à la ménagère :
— Allons, entr'ouvrez les rideaux;
Qu'on prépare bien vite une panade claire
Et qu'on habille les marmots.

4 *Le Départ* C'est l'heure des adieux, c'est l'heure où la patrie
Réclame ta vie et ton sang.
La cloche dit : Partons ! il faut de ton amie
Te séparer en gémissant.

5 *Les Fiancés* Quand tout un peuple ailé, pigeon ou tourterelle,
Remplit les bois de ses amours,
Une cloche là-bas, quand tu dis : « M'aime-t-elle ? »
Te répond doucement : « Toujours ! »

6 *Dans les blés* Et la cloche du soir vous le redit encore,
Quand vous allez le long des blés
Que le soleil couchant de son rayon colore,
Vos doigts l'un à l'autre assemblés.

7 Cependant la Fournaise, à son œuvre attachée,
Travaille le bronze en ses flancs;
Une grande espérance, à tous les yeux cachée,
Rend les cœurs faibles et tremblants.

8 *Le Mariage* Sonnez, cloches, bourdons, sonnez joyeusement,
Chantez un hymne d'allégresse,
Quand deux époux qui s'aiment échangent leur serment;
Autour d'eux la foule se presse.

9 *Travaux et plaisirs des champs* Dès le soleil levant, la cloche a du chasseur
Réveillé l'ardeur matinale,
Et dit au paysan : « Pars, et va sans lenteur
Porter ta récolte à la Halle. »

10 *La Veillée* La cloche tinte encore, le jour tombe, il fait noir,
Et la ménagère occupée
Surveille les apprêts pour le repas du soir,
Et les travaux de la veillée.

11 *Le Sommeil* Tout dort : l'homme en son lit, les moutons à l'étable;
La cloche sonne doucement;
Jésus dit à son père : « Ah ! sois-leur secourable,
Fais dormir les petits enfants ! »

12 La fournaise répand son grondement sonore,
Le métal torturé gémit;
Chacun est anxieux, il faut attendre encore,
Le maître, consulté, l'a dit.

108

13 *La Guerre*
Le tocsin redoutable annonce que la guerre
A porté chez nous ses fureurs;
La ruine est partout, la mort et la misère,
L'incendie avec ses lueurs.

14 *L'Abri*
On entend au lointain de tristes sons d'alarmes,
L'un à l'autre se répondant;
Sous un toit saccagé, les familles en larmes
Vont s'abriter, priant, pleurant.

15 *Les Funérailles*
Une âme monte au ciel, une vie est finie;
Avec ses sourds gémissements
La cloche porte à Dieu la prière bénie,
Et des amis et des parents.

16
Le bronze va-t-il pas, de sa prison minée
Sortir par un dernier effort ?
Maître, ne crois-tu pas la fonte terminée,
Faut-il attendre un jour encor?

17 *La Fenaison*
Sonnez joyeusement la cloche de la ferme,
C'est le jour de la fenaison.
Hardi, les travailleurs! Et que vite on enferme
La provende pour la saison.

18 *L'Incendie*
Cors, sonnez, et toi, cloche, à tour de bras lancée,
Réveillez tous les citoyens;
L'incendie a jailli, la ville est menacée
Et dans sa vie et dans ses biens.

19 *Le Travail*
A l'heure du travail, à l'heure du commerce,
Dans la halle, dans le chantier,
Ton pacifique chant dit : « Que chacun exerce
Son industrie ou son métier. »

20
Le Maître dit : « Ouvrez l'écluse bouillonnante!
Notre œuvre, enfin, doit être à point :
Le métal enflammé sort en lave brûlante,
Qui se façonne et qui se joint. »

21 *L'Assemblée publique*
Vous, chefs de la cité : magistrat, bourgmestre,
Soyez attentifs à ma voix :
Ponctuels, justes, droits, faites à tous connaître
La sainteté des lois.

22 *La Révolte*
Que jamais parmi vous la révolte ou la haine
Ne me force à jeter au vent
Les sons tumultueux par lesquels on déchaîne
La Discorde et son bras sanglant.

23 *La Cloche terminée*
Triomphez, travailleurs! Belle et resplendissante,
La cloche sort de vos fourneaux;
Le bronze, l'or, l'argent sont dans sa voix puissante,
Qui les rend plus forts et plus beaux.

24 *La Cloche en place*
Là-haut, dans le clocher, le sonneur solitaire
Conserve et soigne avec amour
La cloche aux flancs d'airain qui sonne la prière,
Annonce la nuit ou le jour.

Texte pour 12 bandes de verre formant 48 vues en couleur, **10** *fr.*

109

DRAGOMIRA

1. — Le chef tartare Giray avait une brillante cour à Lastchi. Dans sa suite, se trouvait un jeune Roumain qu'il avait fait prisonnier, et qu'il avait donné pour compagnon à son fils. Etant dans le palais, il aperçut une belle fille, du nom de Dragomira, qui était esclave.

2. — Son père adoptif consentit à la lui donner pour épouse, car elle était chrétienne ; elle devint libre et princesse.

3. — Les guerres assez fréquentes entre ces peuples voisins sont fertiles en hasards malheureux. Dragomira, surprise par un parti ennemi, fut emmenée prisonnière, et quelque temps après le prince lui-même fut emmené par une troupe ennemie dans la même ville.

4. — Il apprit là ce qu'était devenue sa femme. Malheureusement, Dragomira, séparée de lui depuis plusieurs années, était entrée dans un couvent. Dragomira était perdue pour lui; il ne la revit jamais.

DONGA

1. — C'était le fils d'un prince de Moldavie, très autoritaire, mais qui adorait son enfant. Celui-ci, parvenu en âge d'homme, osa venir lui demander de lui donner pour femme la fille d'un proscrit.

2. — Le père bienveillant lui accorda ce qu'il demandait. Donga sauta aussitôt sur son cheval, et se rendit chez le père de celle qu'il aimait. Mais celui-ci le reçut avec hauteur, et, déployant le drapeau adversaire du prince, fit sortir le fils avec ignominie.

3. — Se ravisant au moment du départ, il lui dit qu'il lui donnerait celle de ses filles qui, placée sous un tas de fagots la protégeant à peine, consentirait à le laisser passer à cheval sur sa tête. Une seule y consentit, et c'était celle qu'il aimait.

4. — Après cette épreuve heureusement subie, Donga ramena sa fiancée auprès de son père, et reçut de lui et des grands du royaume l'assurance d'une succession dont il était digne.

Pierre Cercel

1. — Un roi de Roumanie avait un fils nommé Pierre Cercel, qu'il envoya en pays étranger pour faire son instruction. Celui-ci voyagea par toute l'Europe, et vint notamment à Paris, où Marie de Médicis lui fit le plus aimable accueil.

2. — Pendant son absence, son père étant venu à mourir, un imposteur se présenta à sa place, et s'empara de la royauté, passant tout son temps dans les plaisirs.

3. — Le fils du roi étant revenu, il l'avait fait saisir en secret et enfermer dans un château éloigné ; mais, avec l'aide d'un domestique fidèle, Pierre Cercel parvint à s'échapper.

4. — Il se fit reconnaître de ses anciens amis las des déportements du faux roi, et celui-ci, surpris au milieu d'une fête, sur son navire, fut tué et jeté à la mer par son peuple soulevé.

109

L'INNOCENCE RECONNUE

1. — Une jeune fille et son fiancé se promenaient sur l'eau; la jeune fille tomba à l'eau et se noya accidentellement.

2. — Des ennemis de son fiancé trouvèrent le moyen de l'accuser de crime, et ils s'acharnèrent tellement après lui que tout le monde croyait à sa culpabilité.

3. — Pendant ce temps-là, le jeune homme, plongé dans une grande douleur, s'était retiré dans un monastère. Suivant la coutume du temps, il s'offrit à subir l'épreuve du feu.

4. — Il ne mourut pas de cette terrible torture, et l'on raconte que, la nuit suivante, la Vierge elle-même descendit du ciel pour panser ses blessures.

LA FÉE AUX ÉCUS D'OR

1. — Le petit Loys avait l'habitude excellente de mettre dans une tirelire les sous qu'on lui donnait. Un jour qu'il venait de briser la sienne pour compter ce qu'il y avait dedans, il en sortit autant d'écus d'or qu'il y avait mis de pièces de cuivre.

2. — C'est que le petit Loys avait une fée pour marraine. Celle-ci, que l'on appelait la Dame Blanche, alla chez le potier pour acheter un vase tout neuf, qu'elle donna à son petit filleul.

3. — Lorsque le vase fut plein, il le porta à sa marraine dans son château, n'osant plus le briser lui-même.

4. — La bonne fée, pour lui donner une leçon, l'emmena en partie de campagne avec tous les enfants de son entourage, brisa sa tirelire, et en partagea le contenu entre tous les enfants ; après quoi, elle lui en remit une autre aussi lourde que la première.

Les Fiancés de l'Éclair

1. — Hermann et Dorothée se promenaient sur le lac, à la veille de leur mariage ; au moment où ils échangaient les anneaux symboliques, le tonnerre frappa les barques, l'un et l'autre tombèrent à l'eau, mais Hermann fut emporté par les flots.

2. — La triste fiancée, rendue à sa famille, vécut plusieurs années dans la tristesse, et ne voulait point être consolée.

3. — Elle avait fait élever un mausolée à son fiancé dans un couvent voisin, et venait y prier chaque matin. Un jour, la supérieure lui remit une lettre.

4. — Sauvé par un navire, il était resté de longs mois dans un état maladif, puis une heureuse fortune lui était survenue, et tandis que sa dolente fiancée priait sur sa mort, lui, non loin d'elle, lui préparait brillamment la douce surprise de son retour.

109

L'ENFANT PERDU

1. — Un homme riche, en souvenir d'un enfant qui avait disparu tout jeune, laissait errer dans les rues le cheval blanc qu'il avait destiné à son fils. Bien que cette habitude causât quelque dommage, on ne s'en plaignait pas, car cet homme était généreux.

2. — Un jour, un marchand de toile vint à sa porte, et étant entré dans la maison il reconnut l'avoir fréquentée dans sa jeunesse; car, étant frère de nourrice du jeune homme perdu, tous deux avaient été enlevés par des bohémiens.

3. — Il raconta alors au père que son fils avait été gardé dans un couvent de capucins, où il le retrouverait, mais qu'il fallait se hâter, le moment étant venu où il allait probablement prendre l'habit de moine.

4. — Le père fit diligence, et après bien des difficultés eut la satisfaction de voir son fils, brillant de jeunesse et de santé, caracoler sur son cheval blanc, ce dont le brave homme était ravi.

LA MORT ET LE MÉDECIN

1. — Un pauvre homme, qui était sur le point d'être père d'un treizième enfant, ne pouvait lui trouver de parrain. Au jour fixé pour la cérémonie, un étranger se présenta, d'aspect bien singulier, car il avait une tête de mort.

2. — L'enfant grandit, et, quand il fut en âge de s'instruire, son étrange parrain lui apparut, l'emmena dans une forêt, et lui dit : « Fais-toi médecin, je t'enseignerai toutes les vertus des plantes. »

3. — Il ajouta : « Lorsque tu soigneras un malade, si tu me vois à ses pieds quoique invisible pour tous les autres, il sera perdu. — Et pour moi-même ? » dit le futur docteur.

4. — « Pour toi, répondit la Mort (car c'était elle), tu dois l'ignorer. » Longtemps ainsi il suivit les avis de son parrain, mais ayant un jour insisté pour connaître son dernier jour : « Le voilà ! » dit le spectre en se montrant. Et le médecin tomba mort.

Les deux Marie

1. — Un cordonnier avait deux filles, qui toutes deux s'appelaient Marie; mais il n'en aimait qu'une, et surchargeait l'autre d'ouvrage, tant qu'elle dut s'enfuir et se placer comme servante.

2. — Dans la première maison où elle se présenta, on l'accueillit fort bien. Malheureusement, c'étaient deux femmes avares, qui la faisaient beaucoup travailler et ne la nourrissaient pas.

3. — Elle s'enfuit encore, et tomba chez un homme brutal et emporté, qui la traitait comme un animal, tellement qu'il la

109

conduisit un soir avec une lanterne pour la faire coucher dans la cave.

4. — Or, il arriva que la pauvre Marie aperçut dans l'obscurité un filet de lumière, puis un trou, qu'elle agrandit avec ses mains ; et, étant parvenue à passer, elle se trouva dans la cour d'un vieux château abandonné, où elle fit la découverte d'un trésor considérable.

LA CLOCHE

1. — C'était fête au village, et un marchand de sucreries avait surmonté sa boutique d'une énorme cloche qui attirait toute la jeunesse.

2. — Cependant, un jeune seigneur s'émut de voir les jeunes gens perdre leur temps dans des plaisirs coûteux ; il en emmena quelques-uns dans les bois pour leur faire comprendre le charme et les beautés naturelles de la campagne.

3. — Mais la plupart d'entre eux l'abandonnèrent bientôt pour retourner à la fête ; un seul lui resta, auquel il enseigna la culture des fleurs et les plaisirs qu'elle procure.

4. — L'emmenant sur la montagne, il éleva son âme par la contemplation des plus sublimes spectacles de la Nature, cloche divine qui doit résonner au cœur de l'homme.

Le Pèlerin Naïf

1. — Quand le Christ était sur la terre, un voyageur naïf lui demanda de voyager avec lui. Chacun devant rapporter son gain de la journée, le pèlerin rapporta un petit écu, et le Sauveur une bourse pleine d'or.

2. — Le pèlerin, ébloui, demanda à garder la bourse, mais peu après il prétendit l'avoir perdue, et bientôt il voulut se séparer de son compagnon, qui s'éloigna.

3. — Mais, arrivé à la ville voisine, il fut pris pour un voleur à cause de l'or qu'il portait sur lui, et il eût été pendu si Jésus n'était venu se porter garant de son innocence.

4. — Le pèlerin, délivré, suivit Jésus, qui pour l'éprouver lui montra sur une pierre une grande quantité d'or, et lui dit : « Laisse là cet or, et suis-moi. »

LE PETIT TAMBOUR

1. — Ceci est la simple histoire d'un petit tambour. C'était la première musique qu'il entendit, car son père était fou de cet instrument.

2. — Devenu très habile, il fut tambour à son régiment.

3. — Il délaissa un peu le tambour pour épouser une belle jeune fille, qui ne jouait que du Mozart.

4. — Mais, sitôt marié, il réintégra à la maison l'instrument favori, et il disait à sa femme : « Notre fils sera tambour. »

Texte pour 12 *bandes de verre formant* 48 *vues en couleur,* 10 *fr.*

110

1. — **Une Maison tranquille.** — Nous sommes dans une maison paisible, où le père Lamifa apprend le violon à son fils. C'est un homme peu bruyant, à côte de l'affûteur de scie qui fait un peu plus de tapage, et empêche l'illustre savant, M. Jeusaitout, de se plonger dans ses chères études; il est vrai qu'il en est aussi empêché par ses petits enfants, dont l'un crie, l'autre chante, le troisième agace le chat, le quatrième souffle dans sa trompette, pendant que le papa et la maman, soufflant, tapant et criant, font le plus beau charivari qu'il soit possible d'entendre.

2. — Pour comble de malheurs, de l'autre côté de la cloison, les enfants du voisin veulent aussi faire un petit orchestre, et ils imitent à ravir, même avec les fausses notes, le violoncelle, la flûte, la grosse caisse, le chef d'orchestre avec ses tics, les chanteurs, le piston et les cymbales. Tout cela tape, crie à qui mieux mieux, menaçant la pauvre cervelle du savant.

3. — Quelques scènes de campagne et de villégiature. Comparaison pour se rafraîchir, par 29° de chaleur, entre le vin, l'eau, les liqueurs à l'eau de seltz ou la bière. Le garçon, plein d'attention, apporte un renfort de consommations variées. Pendant ce temps, les deux consommateurs ayant commandé un déjeuner copieux, nous voyons les apprêts de ce déjeuner par les deux cuisiniers, qui font une sauce extraordinaire au concombre et au madère, par le patron de l'établissement, qui apporte un superbe biscuit, et par le sommelier, qui apporte les vins *feints* et à varier.

4. — La noce au village, précédée du héraut qui sème la bonne nouvelle, et les petites pièces de monnaie, vite recueillies par les enfants sortant de l'école, et qui en font une provision. Voici les mariés eux-mêmes, l'air grave et digne de circonstance, les parents, tout à la joie, ça se voit sur leur figure, et enfin les musiciens *à vent*, qui vont derrière !

5. — Une chasse sous Louis XV. Voici différents types de chasseurs : amazone, veneur, piqueur, valets de chiens, sonneurs de trompe, tous élégants, poudrés, pomponnés, galonnés, plus gracieux et plus jolis les uns que les autres.

6. — Quelques cavaliers exotiques : un Tartare, un Circassien, un Cosaque, un cavalier mongol, et quelques types divers du Caucase.

7. — Puis des Arabes, un palanquin sur un chameau ; un autre chameau, portant des ballots et des provisions, et enfin d'autres cavaliers, fermant la marche, et complétant la petite caravane.

8. — Quelques spécimens de cavaliers montrant que, si la façon de monter un cheval est quelquefois différente, il y a une chose immuable, c'est la coutume de mettre le cheval dessous et le cavalier dessus, jamais, jamais le contraire, à moins que le cheval ne se fâche, ce qui arrive quelquefois. — Voyons le cheval du cavalier, celui du maquignon éleveur, avec le petit

poulain pas encore monté, et différents types de chevaux de course.

9. — Nous voyons le courrier, toujours pressé, hop ! hop ! clic ! clac ! le paysan, dans une course locale sans prétention ; le brigand calabrais, le pistolet fumant à la main ; et enfin le paisible voyageur de commerce en bonnet de coton, voyageant avec sa femme, et aspirant, après avoir vendu sa marchandise, à gagner la plus prochaine auberge.

10. — Ceci, mesdames et messieurs, vous représente : d'abord le fidèle Vendredi, trouvé un dimanche par Robinson Crusoé, que je vous présente vêtu des produits de la forêt ; enfin le capitaine du navire et son second, découvrant Robinson. Vous apercevez, dans le fond, l'habitation qu'il s'est construite lui-même. Voici pour terminer, le mousse du navire et un matelot qui s'empressent d'apporter au malheureux Robinson les vêtements qui lui manquent. Le mousse essaye la pipe pour voir si elle fonctionne bien. Le navire est à l'ancre à quelques milles du rivage, et le dessinateur, qui sans doute pensait à autre chose, a indiqué un phare à deux pas d'une île déserte.

11. — Les promenades de vacances, où chacun s'amuse à sa façon. Nous y voyons l'enfant guerrier, qui brandit un drapeau, et sa petite sœur, qui chante un hymne patriotique en brandissant un parapluie guerrier ; les scientifiques, avec la grande sœur plongée dans ses réflexions et le petit frère occupé à marcher sur les traces de Santos-Dumont et du comte De la Vaulx ; le digne professeur, et l'enfant curieuse qui le fatigue de ses *pourquoi* ; les querelleurs, toujours en dispute, et l'entomologiste, qui, sous prétexte d'étudier les papillons, joue un jeu cruel qu'on me permettra de désapprouver ici : je trouve tout aussi ridicule, et plus sans-cœur, de tuer des animaux inoffensifs, que d'abattre des roses à coup de badine ; cela n'apprend rien, et ne fait pas faire un pas, même en arrière à la science.

12. — Scène de théâtre : « Seigneurs, ils sont là ! » dit l'homme d'armes. — « Tu ne franchiras pas, vivant, le seuil de cette porte ! » crie le monsieur en pourpoint vert. — « Amoins que la clef que voici n'en force la serrure », réplique le monsieur au grand manteau. « Ciel ! Mon frère ! Mon Dieu, soyez loué ! » dit la jeune personne. A ce moment, apparaît la statue du Commandeur, qui, fidèle à son rôle de statue, ne dit rien, pendant que Triboulet ricane, et se moque de tout cela « comme un poisson d'une pomme » !

Texte pour 12 *bandes de verre formant* 48 *vues en couleur,* **10** *fr.*

111

LA NAVIGATION

Voici une suite de bateaux ; ils n'ont pas de jambes, comme dans la chanson, mais de puissantes hélices et de vastes chaudières à vapeur ; ils ne sont pas petits non plus, car se sont les spécimens des plus grand bateaux à vapeur qu'on ait construits dans le siècle qui vient de finir. Depuis le *Great-Estern*, qui se lança le premier dans cette voie, aucun bateau à vapeur n'ose se présenter sans trois ou quatre cheminées, et une capacité telle, en longueur et en largeur, qu'il semble une ville flottante.

Cheval et Vélocipède

Les deux moyens de transport ici accouplés sont deux rivaux qui se font une concurrence acharnée. L'un, le cheval, est vieux comme le monde; mais les Anglais, qui ont inventé les courses et fabriqué le pur-sang, avaient poussé aux dernières limites sa puissance de rapidité.

Le vélocipède, dont le dernier perfectionnement est la bicyclette, nous a donné le cheval de fer. Elle envahit nos rues, nos grandes routes et nos chemins. Vraiment elle finirait par tuer le cheval, si celui-ci n'avait sur elle un avantage qu'elle ne lui ravira jamais : il peut sauter les barrières.

DILIGENCE ET CHEMIN DE FER

La diligence, la malle poste, ne sont plus connues que de nom de la génération actuelle ; quelques vieillards seuls peuvent se souvenir d'avoir passé de longues heures dans ces boîtes étroites, ou grimpé sur leurs impériales incommodes.

Nous les voyons ici à la veille de leur disparition, quand le conducteur salue de coups de fouets et d'imprécations le serpent de fer, qui se glisse le long du chemin et va porter partout, avec une vitesse merveilleuse, la nouvelle de leur mort.

LES PONTS

Le premier qui fit un pont sur une rivière fut béni des populations. Longtemps, les grands fleuves en furent privés ; mais, lorsque la hardiesse des constructeurs eut permis de créer sur ces chemins qui marchent d'autres chemins qui ne marchaient pas, les bateaux à vapeur ou à voiles se plaignirent, avec raison, des entraves apportées à leur marche. D'où il fallut inventer les ponts tournants, puis les ponts grandioses,

111

que l'on voit à Londres et en Ecosse, et qui se composent de deux tourelles, donnant à leur partie supérieure un passage pour les piétons, tandis que le passage des bateaux, au-dessous, reste libre de toute entrave ou retardement.

MAGIE DE LA COULEUR

Voici une série de paysages qui feraient la joie d'un coloriste. D'abord le pylône d'un temple égyptien, éclairé, et même brûlé par le soleil, qui donne une teinte d'or au sable et aux pierres. — Ensuite une vue d'hiver, avec une jolie opposition d'un fond de ciel doré comme une mosaïque byzantine avec les objets poudrés d'argent par la neige et par le givre. — Ce petit paysage dans les teintes sombres est harmonieux, et ce ciel d'orage, d'un violet améthyste, se marie parfaitement avec l'émeraude et le vert mer des vagues. — Quant au dernier paysage, ne trouvez-vous pas, comme moi, que, fait avec rien, véritable tracé d'ombre chinoise, il emprunte une singulière vigueur à la tache neigeuse qui se découpe en clair sur la mer et à la teinte noire des pins qui tranche sur le bleu du ciel ?

Le Petit Malicieux

1. — Il s'appelait comme vous, mon petit ami ! N'eut-il pas, un beau jour, l'idée de seringuer de l'eau sur le nez d'un brave chien qui ne lui voulait aucun mal.

2. — Révolté d'une pareille offense, le toutou se rebiffa sérieusement, et lui donna la chasse.

3. — Il arriva même à l'attraper par le bas de son pantalon, et le mordit si cruellement...

4. —... que le pauve petit regretta fort sa malice, et qu'il en serait mort peut-être si son papa ne s'était trouvé là juste à point pour le porter, tout saignant, à l'hôpital.

DANS LA MÉLASSE

1. — Il y en avait un gros tonneau à la porte de l'épicier. Le petit Jean, saisi de gourmandise, eut le désir d'en goûter.

2. — Une guêpe, qui sortait du tonneau, vint le piquer au cou. Il fait un soubresaut, et voilà notre Jean Jean tombé dans la mélasse.

3. Au bruit de la chute, l'épicier accourt, et, non sans peine, le retire du tonneau, pieds en haut, tête en bas...

4. —... dans l'état où vous le voyez, dégouttant de mélasse, et toujours suivi d'un essaim de guêpes qui ne veulent plus l'abandonner.

111 C

LES SINGES SONT MALINS

1. — Si ce petit garçon eût su qu'il ne faut pas tracasser les singes, il n'aurait pas piqué celui-ci à la cuisse.

2. — Tout aussitôt, le singe irrité lui sauta sur l'épaule, et fit tomber à terre le panier de pommes qu'il portait.

3. — Acharné à sa vengeance, le méchant animal ne s'arrêta pas qu'il ne l'eût jeté la face contre terre.

4. — Alors, s'emparant du panier vide dont il se coiffa en ricanant, il se mit à croquer les pommes, tandis que le petit garçon s'éloignait en pleurant.

HEURES DE JOUR HEURES DE NUIT

1.

Midi projette ses rayons
Sur la plaine et sur le village ;
Tout repose, et nous ne voyons
Qu'un promeneur qui n'est pas sage.

2.

Voici l'aube, c'est le matin,
Le petit port marin s'éveille.
Bravant les frayeurs du destin,
Le pêcheur sans crainte appareille.

3.

Minuit ! Ce grand fantôme blanc
Que la lune éclaire, blafarde,
C'est le simple moulin à vent,
Terreur du passant qui s'attarde.

4.

L'usine au travail incessant
Rallume au soir ses feux dans l'ombre,
Tandis que le soleil couchant
Va s'enfonçant dans la nuit sombre.

LES MERVEILLES DE L'EAU

1.

Le beau Danube bleu nous présente l'image
De l'eau qui coule avec gaîté,
Portant, sans bruit et sans tapage,
Vie et fraîcheur, force et santé.

111 **D**

2.

Sur le mont aux pentes rapides,
Elle est le torrent indompté
Devant qui reculent, timides,
Des courages incontestés.

3.

L'art dompte son élan sauvage,
Et, sur des degrés calculés,
C'est la cascade au doux ramage,
Dont les oiseaux sont étonnés.

4.

Dans le lac pur, calme et tranquille,
L'eau est l'image du repos ;
Sur son miroir le soleil brille,
Les grands monts protègent ses flots.

112

1. — *Porte de Wasserthor, à Ostende.* — Les villes du moyen âge se plaisaient à orner leurs portes d'entrée ; elles y trouvaient, comme dans celle-ci, de charmants décors, préférables aux casinos modernes.

2. — *Un coin du port d'Ostende.* — Lequel n'est lui-même qu'une partie d'une grande et belle ville.

3. — *Le Trocadéro.* — Beau reste d'une belle exposition, que d'autres ont fait oublier, mais qui a doté Paris d'un beau monument.

4. — *La Tour Eiffel.* — Quoi qu'on pense, artistiquement, de cette construction, on ne saurait qu'admirer le génie hardi et novateur qui l'a conçue et exécutée.

5. — *Château à Nuremberg.* — Que de plumes illustres ont célébré les châteaux des bords du Rhin : Victor Hugo et Alexandre Dumas ont dépeint, en des pages inoubliables, leurs sites charmants.

6. — *Château de Wartburg.* — Ce château est célèbre par le séjour qu'y fit Lutter, pendant ses luttes avec la papauté.

7. — *Les quais à Hambourg.* — Ce n'est qu'un coin de la grande ville dont l'étendue et le commerce sont immenses.

8. — *La chute du Rhin.* — « Roule entre tes larges rives », disait Lamartine au Rhin. Ce fleuve majestueux rencontre à Schaffouse un accident de terrain qui lui fait faire ces cascasdes si célèbres. Leur effet est merveilleux sous les reflets adoucis de la lune,

9. — *Constantinople.* — Assise entre l'Europe et l'Asie, Constantinople, en partie européenne, est encore le spécimen le plus complet et le plus curieux de la vie orientale. Il faut se hâter de la visiter, avant que les progrès de la civilisation en aient fait la copie de Paris ou de Londres.

10. — *L'acropole d'Athènes.* — Le centre de la vie politique, religieuse et artistique de la Grèce, le peuple qui s'est approché en toutes choses le plus près de la perfection, et qui dort aujourd'hui d'un sommeil d'où il ne sortira peut-être jamais.

11. — *L'Alhambra de Grenade.* — Cette merveille de l'art arabe, si somptueusement discret, si admirable de composition et de fini, a été décrit par Théophile Gautier avec la passion de l'artiste et la science du littérateur.

12. — *Course de taureaux en Espagne.* — Ce jeu cruel, reste de la férocité des Maures, est rentré dans les mœurs espagnoles si profondément qu'il serait difficile de l'en extirper. Antipathique aux nôtres, espérons qu'il ne s'acclimatera jamais en France.

13. — *Au Pôle Nord.* — Une vie intense se manifeste pourtant au milieu de ces rochers glacés ; des animaux très prolifiques, les phoques, les peuplent abondamment ; mais l'avidité de l'homme y apporte la mort.

14. — *Les Lapons.* — Comment peut-on être Lapon ? dirionsnous volontiers. Cependant, ce petit peuple, si défavorisé de

la nature, aime son pays, ses coutumes, ses mœurs. L'accoutumance fait tout.

15. — *Un traîneau, en Russie.* — Sur un véritable désert de neige, faire de longs trajets, à grand peine garanti contre le froid ; craindre l'attaque des loups ou la mort sous la neige en cas d'accident ; pauvres voyageurs, pauvres chevaux !

16. — *Le Kremlin, à Moscou.* — Ce n'est pas un palais, mais un amas de palais et d'églises, dédale renfermé dans une enceinte sacrée, berceau religieux de la Sainte Russie.

17. — *La Tour de Londres.* — Le nom seul de cet édifice évoque dans notre esprit les souvenirs les plus funèbres. La plupart des grands drames dont l'histoire d'Angleterre est remplie eurent là leur théâtre ou leur sanglant dénouement.

18. — *Le Palais de Cristal.* — Cette grande construction, tout en verre, causa une grande émotion de curiosité lors de son invention. Contrairement à ce qui arrive ordinairement, elle a survécu à l'exposition de 1862 qui l'avait vue naître.

19. — *Eglise de Bergund, en Norvège.* — Les paysages de ce pays des neiges sont mélancoliques. Cette église de dimension peu ordinaire dans les campagnes norvégiennes forme un ornement agréable sur un tableau un peu froid.

20. — *Chutes d'eau en Suède.* — Ce n'est ici que la monnaie du Niagara, mais l'attention, plus éparpillée, se renouvelle avec plaisir sur ces effets d'eau disséminés.

21. — *Le Colisée de Rome.* — Tout le monde le connaît, ce cirque immense, où la Rome dégénérée oubliait sa gloire et sa force dans des luttes cruelles et des massacres plus cruels encore.

22. — *Golfe de Naples.* — Un coin de paradis sur terre, où l'eau, la terre et les cieux s'unissent pour charmer le regard. Les grondements sourds du Vésuve jettent une inquiétude dans cet enchantement.

23. — *Venise et le Palais des Doges.* — Peu de villes charment comme Venise, qui ne ressemble à nulle autre. Son histoire est attachante comme un drame théâtral.

24. — *La Tour de Pise.* — La Tour penchée, ce défi apparent aux lois de l'équilibre, est au contraire le résultat d'un très savant équilibre. Il est heureux qu'on n'ait pu ou voulu l'imiter aillleurs, cela changerait trop nos habitudes de vision.

25. — *Pont de Brooklyn, à New-York.* — Ce pont suspendu est un des plus longs que l'on connaisse ; il réunit à New-York un de ses faubourgs les plus populeux.

26. — *Chutes du Niagara.* — On ne fait rien à moitié en Amérique ; voilà pourquoi les chutes du Niagara sont uniques au monde. On s'est émerveillé de la hardiesse de Blondin, les traversant sur une corde raide ; la hardiesse de ceux qui les descendent dans une pirogue nous semble plus merveilleuse encore.

27. — *La Statue de la Paix, à New-York.* — Don de la France libérale et pacifique au peuple des Etats-Unis, ce grandiose

emblême de la Paix, qui orne magnifiquement la baie de New-York, devrait être adopté par toutes les nations.

28. — *La chasse au buffle.* — Epais et lourd, le buffle n'est pas un adversaire à dédaigner ; il ne fond pas sur vous comme le lion, il ne vous surprend pas comme le tigre, mais il se défend bien, et on ne l'attaque pas impunément.

29. — *Port de Koangko.* — Ce petit port, d'où nous ne voyons à vrai dire que le ciel et l'eau, nous présente pourtant le curieux type de ces bateaux appelés « jonques » d'une forme assez étrange, et munis de voiles en paille tressée.

30. — *Les fumeurs d'opium.* — Partout les hommes ont inventé quelque drogue pour endormir leur peine et leur ennui. Nous avons le tabac, les Chinois ont l'opium. Bien qu'il donne, dit-on, des rêves merveilleux, souhaitons de ne jamais recourir à ce narcotique abrutissant.

31. — *Temple de Kioto (Japon).* — Un des plus remarquables qui soient au Japon. Pour connaître en détail ces tabernacles de la religion japonaise, il n'est pas jusqu'à présent de meilleur guide que les descriptions prestigieuses de Pierre Loti.

32. — *Danseuses japonaises.* — La femme japonaise (qu'elle nous le pardonne!) nous semble d'abord une sorte de poupée ; l'exposition dernière a prouvé que ses allures, un peu mignardes, pouvaient n'être pas sans grâce ni passion.

33. — *Chasse au tigre, dans l'Inde.* — Il n'est point d'animal dont la chasse intéresse plus que celle du tigre, le plus féroce, le plus rusé des animaux. Peu de personnes l'ont pratiquée, nul n'en lit quelqu'une sans un vif intérêt.

34. — *Palais de Delhi.* — Les rajahs souverains nominaux, les nababs gorgés d'or, sommeillent dans ces palais magnifiques, et rêvent à leur puissance déchue ; tandis qu'une poignée d'étrangers gouverne les troupeaux humains autrefois soumis à leur puissance.

35. — *Le charmeur de serpents.* — L'espèce humaine voit, avec raison, dans le serpent un de ses ennemis les plus redoutables. La quantité de personnes tuées par les serpents est effrayante. Aussi l'art de les dompter intéresse-t-il tout le monde ; il n'a d'égal que l'art de les tuer.

36. — *Danseuse indienne.* — Que de choses dans un menuet! disait-on au siècle dernier. La danse de chaque peuple, si elle pouvait être minutieusement étudiée, trahirait tous ses goûts, ses manières de voir et de sentir.

37. — *Chercheurs d'or, en Australie.* — L'or, ce métal qui représente, sous la forme la plus concrète, la richesse ou le produit du travail, excite chez l'homme une fièvre particulière, née du désir d'acquérir promptement ce que le travail et le commerce ne donnent qu'à un labeur persévérant.

38. — *Une rue, à Melbourne.* — L'intérêt de cette vue où le pittoresque est absent, consiste surtout à attirer l'attention sur cette ville opulente, née d'hier pour ainsi dire, et dont l'accroissement rapide témoigne de la force de la volonté et du travail.

39. — *Chasse au kanguroo.* — Ce grandlapin, dont les pattes de devant sont trop courtes et celles de detrière trop longues, à ce qu'il nous semble, fait des bonds qui n'én rendent pas la chasse facile ; il semble qu'il ait chaussé les bottes du petit Poucet.

40. — *Vue de Melbourne.* — « De loin, c'est quelque chose, et de près ce n'est rien », disait La Fontaine. Ici, c'est le contraire : cette ville, qui de loin semble paresseusement couchée dans la verdure, est une cité populeuse et riche fruit de l'activité et du travail.

41. — *Marché, au Caire.* — Que vendent ces honnêtes gens ? Des esclaves, sans doute. La placidité orientale fait que le marchand égyptien ne se démène pas pour attirer le chaland ; il l'attend patiemment. Mais il le vole tout de même.

42. — *Pyramides de Gizeh.* — Ces montagnes de pierres qu'on appelle des pyramides, ces têtes énormes de sphinx, résultat d'un travail qui nous étonne, rompent la monotonie du désert ; ils le font paraître plus grand, et l'homme plus petit.

43. — *Oasis au désert de Lybie.* — L'oasis, c'est le verre d'eau froide qu'on apporte à l'homme altéré ; bien suprême, qui sauve bien des vies, et dont l'existence dans cette nature désolée est un problème.

44. — *Chasse au lion.* — Qui n'a lu avec le plus puissant intérêt les chasses de Bomborel, de Gérard, et d'autres explorateurs ou chasseurs ? Qui ne lit encore avec le même frisson ces récits de chasse, quand l'occasion s'en présente ?

45. — *Chasseurs Nyam-Nyam.* — Ce sont des sauvages, sans doute, mais l'harmonie de leurs proportions, celle de leur costume, tout simple qu'il soit, semblent représenter une race courageuse et non dégradée.

46. — *Voyage sur une autruche (Afrique).* — Nos enfants connaissent un peu, pour l'avoir essayée au Jardin d'Acclimatation, cette curieuse monture.

47. — *Femmes Achantis.* — Chez les Achantis, peuplade guerrière de l'Afrique, qui fait souvent parler d'elle, les femmes sont chargées de la mouture et de la fabrication du pain, travail qu'elles exécutent par les moyens les plus primitifs.

48. — *Chez les Hottentots.* — Cette scène représente un sacrifice religieux accompli avec toute la pompe que ces peuples sauvages ont pu imaginer.

Texte pour accompagner 12 *bandes de verre de projection, formant* 48 *vues en couleur. Prix,* **10** *fr. en boîte.*

113

1. — Nous sommes en plein Orient. Ce pacha, fumant son narguilhé après avoir savouré son moka, nous semble le type de l'homme heureux; il applique le proverbe : l'homme est mieux assis que debout, etc. — Les deux Egyptiens que nous avons sous les yeux ont conservé immuables le type et les habitudes des ancêtres, et la lecture des hiéroglyphes par Champollion a prouvé qu'à trente siècles de distance bien des choses n'avaient pas changé dans ce pays de la tradition. — Il en est de même en Chine, où ce mandarin a conservé les habitudes, les vêtements, les mœurs de ses ancêtres d'il y a plusieurs milliers d'années. — Le Bédouin nomade n'a pas d'histoire, mais il est à présumer qu'il vit comme ont vécu ses pères, libres et indépendants, dans le désert, depuis une origine qui se perd dans la nuit des temps.

2. — Nègres d'Afrique, près de leur campement décoré de sinistres trophées de guerre. — Nègres d'Asie, exécutant une danse guerrière, où les armes s'entrechoquent, et qui simule un combat. — Nègres d'Amérique : nous voyons la femme portant les lourds objets, chargée de son enfant, pendant que le guerrier s'immobilise dans sa dignité et son *farniente*. — Nègre d'Océanie, tout occupé de sa chasse lorsqu'il ne peut pas se livrer aux douceurs du cannibalisme.

3. — Une colonie d'Eider, dans les pays du Nord : ces animaux vivent ensemble par milliers et forment de véritables colonies. — Dans les mêmes contrées, mais plus au Nord encore, vivent les ours blancs, compagnons dont la société doit être peu agréable. — Celle du bison, qui se rencontre par troupeaux innombrables, ne doit pas non plus avoir grand charme, et la rencontre d'un troupeau de ces lourds animaux est plus dangereuse que celle d'une simple bicyclette. — Le cerf, hôte de nos forêts, est un animal peu sociable, mais plus agréable à fréquenter, et son élégante silhouette est toujours agréable à voir, même au coin d'un bois.

4. — Quoi de plus beau que cette aurore boréale, que le navire, voguant à travers les icebergs et les banquises, peut admirer à son aise. — Il en est de même du soleil de minuit, que l'on ne peut voir qu'une fois l'an, et que de nombreux voyageurs vont contempler à grands frais, là-bas, tout au bout de la Suède et de la Norvège. — Les voyageurs en quête de curiosités vont aussi admirer les grottes de Fingal, dont la situation et la composition géologique sont extraordinaires. — Pour ceux qui ne peuvent aller aussi loin, un voyage en Suisse est tout indiqué, et c'est là qu'ils trouvent entassés, dans un espace relativement restreint, tous les spectacles étonnants dont ils recherchent la vue.

5. — Voici une petite série de tableaux composés ou copiés sur nature, avec un véritable sens artistique. Un bord de rivière avec un moulin à eau, l'église, et une colline à pic formant fond. — Une composition décorative, comme on en trouve dans les anciennes tapisseries appelées verdures. — Un effet de lune sur les bords du Nil, tout à fait grandiose dans sa simplicité. Enfin un soleil levant, à la Martinique, au milieu d'une végétation luxuriante, et extraordinaire pour nous, Européens.

6. — Quelques costumes. D'abord au Wurtemberg : ces costumes, si typiques, tendent de plus en plus à disparaître. — Il en est de même de ceux de la vieille Alsace, représentés dans ce tableau par deux jeunes gens; — puis, dans le suivant, par un bourgeois et une villageoise. — Le Tyrol, plus ancré dans ses vieilles habitudes, a encore conservé intacts tous les types si originaux dont nous avons deux exemples sous les yeux.

7. — Le traîneau, en Sibérie, en Laponie, et dans tous les pays de neige, affecte différentes formes. En voici d'abord un très léger, traîné par un cheval, et qui atteint une rapidité extraordinaire. — Celui-ci, auquel des chiens sont attelés est moins rapide; mais il faut dire qu'il sert à transporter des objets, des provisions, et qu'il ne peut pas atteindre la même vitesse à cause de son poids. — Voici une autre forme de traîneau usitée surtout en Russie : ici, trois chevaux sont attelés de front; souvent le cheval central est accompagné d'un ou de deux chevaux attelés en flèche. — Enfin voici le traîneau primitif du Lapon, conduit par un renne aussi rapide qu'élégant.

8. — Les coursiers, dans les pays chauds, sont beaucoup plus variés que chez nous, où nous n'avons guère que le cheval. Voici d'abord le « navire du désert », le chameau, qui, d'une sobriété exemplaire, par-

court sans fatigue des espaces immenses. — L'autruche, peu employée, et dont l'espèce s'éteint de jour en jour; c'est un animal précieux, non seulement à cause des plumes qu'il produit, mais encore à cause des longues courses qu'il peut fournir. — L'éléphant, si intelligent et si fort, peut aussi fournir une longue course, beaucoup plus rapide que son aspect lourd et tant soit peu disgracieux pourrait le laisser supposer. — Enfin, la mule, l'animal préféré de l'Espagne : un Espagnol sans mule et sans guitare ou mandoline ne serait plus Espagnol.

9. — Artistique assemblage de plantes tropicales et d'animaux des mêmes régions : ibis roses, singes de petite espèce, énormes serpents. — Nous voyons le roi des animaux défendant sa proie contre des chasseurs; il est bien affamé, et bien résolu à défendre le bien qu'il a conquis. — Le tigre, plus cruel que le lion, et plus agile, est d'une chasse difficile, qui bien souvent tourne mal pour les chasseurs. — Enfin le crocodile, qui pullule sur les bords de certains fleuves, est moins souvent chassé, et ses mâchoires d'une longueur extraordinaire donnent à réfléchir au plus décidé.

10. — Nous sommes ici en pleine Sibérie, dans des contrées où les hivers sont d'une rigueur dont nous ne pouvons nous faire une idée. — Si nous allons encore plus au Nord, aux pays des neiges perpétuelles, nous y trouvons les Lapons, entièrement frottés d'huile, et vêtus de peaux d'animaux, se nourrissant exclusivement d'huile et de chair de poissons. — Les pays chauds, malgré leurs incommodités, sont plus agréables, et nous préférerions certainement habiter le pays de ce Peau-Rouge, qui va se lancer sur le sentier de la guerre ; — ou celui de ce sauvage, qui cherche, avec un faux signal, à faire naufrager un navire dont il recueillera les dépouilles.

11. Quelques marines. Les pêcheurs, qui sur une frêle embarcation n'hésitent pas à risquer journellement leur vie pour gagner péniblement le peu d'argent nécessaire à leur subsistance et à celle de leur famille. — Le superbe transatlantique, véritable ville flottante, qui transporte (et avec quelle rapidité !) un nombre énorme de passagers, et une quantité non moins considérable de marchandises. — Le canot de sauvetage, dans lequel les sauveteurs, véritables héros, n'hésitent pas à se lancer sur la mer en furie, pour essayer d'arracher aux flots déchaînés quelques existences humaines. Honneur et gloire à ces vaillants ! — Nous les voyons s'approcher d'une épave, et essayer de lancer un câble aux malheureux naufragés, dont ils sont maintenant le seul espoir. Souhaitons qu'ils réussissent dans leur courageuse entreprise.

12. — Les costumes des provinces françaises, qui disparaissent de jour en jour, ne manquaient pourtant pas d'imprévu et de pittoresque. Ces deux Bressanes, si originales et si élégantes, excitent l'admiration du troupier qui les regarde passer. — L'Italie présente encore quelques spécimens, qui, s'ils manquent de variété, sont assez curieux et bien composés. Ceux que nous avons sous les yeux, pris dans la campagne de Rome, ne sont pas d'un caractère banal. — Ces Moldo-Valaques ont ceci de curieux que leur costume ressemble beaucoup à nos costumes français des provinces du midi de la France. — La Grèce, dont les monuments occupent et passionnent le monde entier, a conservé pour ses habitants des costumes dont la composition semble empruntée tout à la fois à l'Orient et à l'antiquité. Comme dans tous les pays chauds, l'amour de la couleur et des nuances vives domine.

114

1. — Portraits d'après nature. — Portraits de deux bocks portés par une servante. — Portrait d'un polichinelle prenant son bain : le garçon de bain est très attentionné pour son client. — Portrait d'un chat : le photographe a oublié de nous dire si c'est Minet, Chiffon ou Blanchette ; je crois plutôt que c'est celui de Noiraud. — Portrait d'un chien : celui-ci nous est bien connu ; c'est un griffon, et il s'appelle Black.

2. — Le sommeil de Bébé, pendant que Nounou est allée se promener. — Sages conseils d'un vieux philosophe à sa jeune disciple. — Sommeil du berger protégé par son troupeau. — Le sommeil d'Azor : Azor n'est pas enchanté, et l'emmaillotage auquel il se soumet ne lui plaît qu'à moitié.

3. — Le cerf, superbe dans sa forme et sa prestance : il vient se désaltérer et s'admirer dans l'eau. — Cette laie farouche, entourée de ses petits marcassins, forme un superbe tableau, digne de tenter le pinceau d'un animalier. — Le cultivateur a posé un épouvantail à moineaux, mais cet instrument n'effraye guère les lapins, qui se délectent à manger des choux qu'ils trouvent excellents. — Maître Renard, disposé à prendre un canard, manque son coup, heureusement pour le canard, et paraît fort dépité de ce contretemps.

4. — Les mésaventures de chasse sont nombreuses. Pendant que le chasseur dort, ses camarades ont tué le renard, et le lui passent sous le nez. — Un chasseur peu au courant prend un chat pour un lièvre, et le tue ; le civet ne sera pas fameux. — Le chasseur au canard sauvage, forcé de barboter dans les marais, doit prendre ses précautions, et s'arranger de façon à ne pas laisser ses bottes dans la vase, car, même avec des bottes imperméabilisées, sa situation serait désagréable. — Quant au chasseur myope, il fera mieux de renoncer à la chasse ; malgré son lorgnon, il risque d'envoyer à son chien le plomb destiné au gibier.

5. — Deux fumeurs qui feraient mieux d'acheter des souliers que du tabac : il est vrai que ce ne sont pas toujours les cordonniers qui sont les mieux chaussés, dit un proverbe célèbre. — La porteuse de pain transformée en porteuse de gâteaux : il paraît que c'est fête aujourd'hui. — Deux amis se rencontrent : *Bonjour ! — Bonjour ! — Ça va ? — Oui, ça va. — Et la santé ? — Peuh ! et toi ? — Euh ! — Allons, tant mieux. — Tiens, donne-moi donc du feu. — Voilà. — Au revoir ! — Au revoir !* — C'est palpitant d'intérêt. — Une dame surprise par l'orage va gâter sa toilette : vous avez beau marcher sur la pointe des pieds, madame, vous allez avoir de la boue.

6. — La répétition des artistes : les exercices des clowns doivent être travaillés, et toutes les plaisanteries qu'ils ont l'air de faire si naturellement sont étudiées et apprises longtemps à l'avance. — Voici l'éducation d'Azor, de Médor et de Phanor, puis le travail d'équilibre sur la boule. Il ne faut pas perdre la boule ! — Le mulet entêté, qui sait qu'il faut avancer quand on lui dit de rester tranquille, et qui doit rester tranquille quand on lui dit d'avancer. — Le singe savant qui gambade, saute et grimace, pendant que son maître, le célèbre Alk-Hazard, joue de la mandoline.

7. — Nous allons avoir sous les yeux d'abord la plus haute mosquée de Constantinople, avec son minaret ou flèche élancée, d'où le muezzin annonce la prière ; les trois plus grandes pyramides, tombeaux des rois Cheops, Chefren et Mycérinus, véritables montagnes de pierres. Voici enfin l'énorme tour des signaux, phare primitif destiné à guider les navigateurs et à leur éviter de se jeter sur les rochers. Enfin, le fameux colosse

de Rhodes ; cette statue, dit la tradition (et on sait que la tradition ne se trompe jamais), cette statue était si grande que les plus grands navires pouvaient passer entre ses jambes avec leur voilure. Il est vrai de dire qu'à cette époque les trois-mâts et les navires gigantesques n'existaient pas.

8. — L'antiquité nous a laissé des monuments extraordinaires par leur architecture, et surtout par leur grandeur. Les restes des temples grecs sont remarquables, et nous voyons ici la reconstitution complète d'un de ces temples. Mais c'est surtout en Egypte que les monuments gigantesques existent. Les Egyptiens ont voulu faire des constructions capables de braver les siècles, et ils y ont réussi. Voici des statues colossales, sculptées dans la montagne même, et marquant l'entrée d'un temple souterrain. — Cette porte, faite de blocs énormes, est restée debout malgré les vents et l'action dissolvante du soleil brûlant. — Enfin ce temple, aux colonnes trapues, est composé de pierres si grosses qu'on se demande comment elles ont pu être maniées, sans le secours des engins que nous employons, et que les Egyptiens ne connaissaient pas.

9. — Nous allons voir successivement la situation de quatre anciens châteaux-forts. D'abord les ruines d'un vieux burg, sur les bords du Rhin. Il domine le fleuve, et les possesseurs pouvaient étendre leur domination, tant soit peu pesante sur tous les environs. — Un château-fort, en même temps couvent, étendant plutôt son action bienfaisante sur tous les alentours. — Voici maintenant un de ces vieux châteaux d'Ecosse, dans lesquels Walter Scott, le célèbre romancier, fait évoluer ses personnages. — Enfin un des châteaux qui dominent les lacs suisses, et qui sont si intimement mêlés à l'histoire helvétique.

10. — Quatre vues quelconques, choisies un peu au hasard et seulement pour le pittoresque de leur arrangement. Un lac, dominé par un village surmonté lui-même d'un intéressant château ruiné, puis, encore au-dessus, d'une abbaye. — Un croisement de routes dans la montagne. — Un palais de style composite, plutôt indien qu'autre chose, éclairé par le soleil couchant. — Enfin une petite chapelle perdue dans la montagne, où elle a été heureusement édifiée.

11. — Le Pont du Diable, qui domine le torrent, et qui semble avoir été impossible à construire au-dessus du gouffre, appuyé comme il est sur deux parois lisses de la montagne. — Quel joli tableau que cette église blanche, détachant sur le ciel ses clochetons, ses découpures et son clocher ! — Cet exemple d'activité humaine est remarquable, et nous montre tout à la fois un pont, un chemin de fer, des barques et des bateaux. — Une vue de la côte, prise de la mer, ce qui permet de détailler l'énorme forteresse, en forme de môle, qui s'avance au loin sur les flots, les maisons paresseusement couchées sur la plage, et comme fond les montagnes à étages successifs, dominées elles-mêmes par les nuages semblables à d'autres montagnes roulantes.

12. — L'Orient a toujours été le pays de la couleur et du pittoresque. Cette porte de l'ancienne architecture sarrasine n'est-elle pas curieuse ? Et ce palais dans les jardins, avec ses colonnades, ses belvédères et ses statues, n'est-il pas dans une situation extraordinaire. — Vous admirerez sûrement la grandeur de cet escalier monumental, qui semble plutôt une conception de rêve qu'une œuvre humaine. — Quant à cette vue d'Italie, elle n'a aucune prétention au grandiose ou au gigantesque, mais son agencement, sa couleur, — en font un beau tableau.

Texte pour 12 *bandes de verre formant* 48 *vues en couleur.* **10 *fr.***

115

NOTRE PLANÈTE

On a beaucoup parlé, dans ces dernières années, du temps minimum qu'il faudrait à un voyageur pour faire le tour du monde, et il a été prouvé que, depuis Jules Verne, on avait fait des progrès. Ce n'est plus quatre-vingts jours qu'il faut, mais seulement une soixantaine. Nous allons non pas faire le tour du monde, mais jeter un coup d'œil sur tous les aspects de la terre, en moins de soixante minutes.

1. — Si nous partions en bateau à voile, nous pourrions embarquer dans ce superbe trois-mâts...

2. — ... et voir en passant Lisbonne, sans nous y arrêter...

3. — ... car Gibraltar sollicite notre attention avant de traverser ce détroit...

4. — ... de quitter notre navire, et de voir un des habitants de nos colonies africaines, un Arabe, faisant une *fantasia* sur son superbe cheval.

5. — Reprenons notre navire : encore un détroit que nous devons voir, c'est celui de Messine, d'un superbe paysage.

6. — Voilà l'île de Malte, avec ses formidables défenses.

7. — Puis le Caire, avec ses coupoles, ses minarets. Nous voici en plein Orient, le pays de la couleur et du soleil.

8. — En pénétrant dans la ville, nous trouvons des rues, des bazars, des constructions dont cette vue nous donne une idée.

9. — Les monuments intéressants seraient nombreux, mais comme le Juif-Errant nous ne pouvons nous arrêter, et, après avoir vu le tombeau des Califes...

10. — ... nous arrivons à Suez, en plein canal, avec une lumière merveilleuse.

11. — Le Nil, plus intéressant encore, nous montre le vieux temple séculaire de Philöé, dans l'île du même nom.

12. — Ses rives et ses paysages ont un caractère spécial, qui, tout captivant qu'il soit, ne doit pas nous empêcher de continuer notre course folle...

13. — ... et d'assister à une chasse à l'hippopotame...

14. — ...de voir quelques costumes des indigènes, homme et femme, cette dernière montée sur un des célèbres ânes du pays.

15. — Notre navire nous transporte maintenant dans la baie d'Aden, qui s'aperçoit, au lointain, avec ses nombreux navires, comme encadrée par deux hautes montagnes.

16. — Nous voyons maintenant Bombay, dans laquelle, ô *Civilisation*, tu as introduit tes tramways, si commodes, si pratiques, mais si peu pittoresques !

17. — Heureusement que nous n'en trouvons pas dans cette vue du palais de Lahore, dont le nom évoque tant de souvenirs grandioses...

18. — ...ni dans celle du temple de Delhi, au charme captivant.

19. — La vue de Benarès a bien son caractère oriental, tout à fait spécial et nullement dénaturé.

20. — Les sources du Gange ressemblent fortement à certains paysages suisses, mais ne manquent pas de grandeur.

21. — Les costumes somptueux du pays nous sont représentés ici par un garde de prince indien...

22. — ... qui vient de quitter le superbe palais de Wellore, que vous avez sous les yeux.

23. — Dans ce pays du soleil, fonctionne encore l'antique patache, guimbarde ou véhicule quelconque où nos pères s'entassaient, autrefois, sur les routes de France.

24. — Voici maintenant une jongleuse indienne, avec son orchestre de musiciens bruyants et peu harmonieux.

25. — Puis un chef de Tartares. Mais nous nous éloignons, et, avant de quitter l'Inde, voyons encore...

26. — ... un soldat indien, avec son superbe accoutrement, plus théâtral que militaire.

27. — Calcutta, l'immense ville, ne peut être représentée sur une vue d'une façon satisfaisante ; aussi ne puis-je vous en présenter qu'une partie, assez pittoresque...

28. — ... et vous montrer un des bûchers, sur lequel, suivant la coutume du pays, on brûle les morts.

29. — Après l'Inde, la Chine. Pour y entrer, nous franchissons la Grande Muraille, aujourd'hui bien inutile, malgré son épaisseur et sa hauteur.

30. — Nous avons sous les yeux Hong-Kong, la ville si commerçante, avec son armée de navires.

31. — Puis nous pénétrons dans l'intérieur du Japon. Nous allons nous risquer dans une brouette tirée par un portefaix...

32. — ... et voir d'abord, au loin, une pittoresque montagne, avec ses constructions bizarres, à la fois chinoises et japonaises...

33. — ... puis, tout près de nous, deux Japonaises, avec leurs hautes chaussures, leur haute coiffure, haute ceinture, et petite taille, petits pieds et petits yeux.

34. — Les magasins, si curieux, seraient à voir en détail ; mais nous nous contenterons d'en admirer la structure bizarre, et l'aspect déconcertant pour un œil européen.

35. — La chanteuse japonaise que voici est aussi bien intéressante, avec son superbe costume de soie blanche et violette brodée de chrysanthèmes roses, enveloppée dans sa jupe manteau d'un vert magnifique.

36. — Enfin disons adieu à la Chine et au Japon sur ce dernier paysage.

37. — Puis passons brusquement à la Nouvelle-Zélande, et saluons, en passant, cet indigène, car il faut être poli, même avec les gens qu'on ne connaît pas, et allons...

38. — ... dans le Siam si bizarre. Plus curieux encore que la Chine, sinon pour le goût artistique du moins pour l'originalité, cet ensemble est intéressant.

39. — En voici un autre, moins pittoresque il est vrai, mais aussi attrayant.

40. — Nous n'en dirons pas de même de Singapore, qui n'a rien de joli...

41. — ... ou de Sydney, qui ressemble à n'importe quel port de mer européen.

42. — Heureusement que les montagnes bleues d'Australie sont véritablement grandioses, belles, et sortent de l'ordinaire.

43. — Ces naturels de Samoa sortent aussi de l'ordinaire ; mais nous ne pouvons les trouver beaux, malgré le désir que nous en aurions.

44. — Il est plus intéressant de les voir dans leurs occupations et dans le cadre de leur vie ordinaire.

45. — Je ne vous dirai rien de cette vue, que le nom : Capetown. Il est probable que la vue ne vous en dira pas davantage.

46. — J'appelle votre attention sur les vues suivantes : la première, attachante par les souvenirs qu'elle rappelle, c'est Sainte-Hélène ;

47. — L'autre, assez remarquable par la situation qu'elle représente, c'est le pic de Ténériffe ;

48. — Enfin la dernière, d'un magnifique coloris, digne du plus grand intérêt parce que c'est la dernière, celle de Greenwich, par laquelle je vais prendre congé de vous.

Les 48 vues montées sur bandes de verre, prêtes à être projetées, **10** *fr.*

116

LE TOUR DU MONDE EN 48 SECONDES

N'attendez pas ici d'explications. Les vues que je vais vous montrer parlent d'elles-mêmes, et je vais simplement vous les *énoncer* au passage.

1. — Rotterdam. La place du Marché, avec les vendeuses et les canaux.

2. — Les quais de la même ville. — Ses voiliers et ses vapeurs.

3. — Une vue de Copenhague. Une des plus grandes rues de cette ville.

4. — Une mine en Suède. Bien semblable à nos mines du Nord ou du Pas-de-Calais.

5. — Dublin. Perspective de la rue Sackville, avec la colonne de Nelson au milieu.

6. — Le vieux marché, à Edimbourg.

7. — Sautons sur le continent, et voyons la maison de Gœthe, à Weimar.

8. — Puis, dans cette même maison, le salon du poète.

9. — A Cologne, un pont de bateaux.

10. — A Munich, l'arc de la Victoire.

11. — Une vieille fontaine, dans une vieille ville allemande (Schiltach).

12. — Une ferme, dans le Tyrol.

13. — Le pont de Maas, à Rotterdam.

14. — Passage d'un rapide sur un torrent.

15. — Quelques costumes suisses.

16. — Et quelques types bien connus dans le Tyrol.

17. — Une superbe vue d'Italie, à Amalfi.

18. — Passons en Grèce, et commençons par le Parthénon.

19. — Puis par les restes du théâtre de Dionysios.

20. — Voici une église byzantine, avec son style spécial.

21. — Et des Arabes et des Bédouins dans leurs costumes typiques.

22. — Les Persans que voici ne sont pas moins curieux...

23. — ... ainsi que ce marchand persan, à cheval sur une sorte de buffle...

24. — ... ou ce courrier dans l'Inde.

25. — L'Orient est curieux dans tous ses aspects. Admirons ce temple et cette nécropole en Arabie...

26. — ... ainsi que le palais, à Téhéran.

27. — Nous voyons ici une cérémonie religieuse en Perse.

28. — Et là une construction en Arabie, la Maison du Trésor, en style renaissance orientale.

29. — Si nous voulons changer brusquement de sujet, nous voyons le ballon captif, au parc aérostatique de Chalais.

30. — Puis les divertissements d'hiver : traîneau, patinage, en Russie.

31. — Ces brigands grecs sont intéressants, avec leur costume si typique.

32. — Ou ce prêtre arménien, ressemblant aux anciens Hébreux.

33. — Ne quittons pas l'Orient sans jeter un coup d'œil sur un marché à Tunis.

34. — Voyons quelques curiosités naturelles, telles que cet arbre géant, en Usugara (serait parfait pour abriter un déjeuner sur l'herbe).

35. — Ou un pont de hasard, dans le centre de l'Afrique. Cela ne vaut pas le pont Alexandre III, mais enfin, à la guerre comme à la guerre !

36. — Nous avons sous les yeux une mine de diamant à Kimberley. Sujet toujours palpitant d'actualité.

37. — Revenons à l'Afrique, pour voir quelques sujets oubliés, avant de parcourir l'Amérique. Admirons la danse des almées, à Tunis.

38. — Puis frémissons aux dangers des grandes chasses dans les déserts d'Afrique.

39. — Puis descendons le cours du Nil, jusqu'à la troisième cataracte.

40, — Nous voyons, en passant, les cerfs et les antilopes, qui feraient frémir d'enthousiasme nos modestes chasseurs de lièvres ou de lapins de garenne.

41. — Enfin, nous voici en Amérique, au centre d'une ferme indienne, au Nouveau-Mexique.

42. — Ici, les tableaux de la nature sont des plus variés : Après un puits de pétrole, en Pensylvanie....

43. — ..nous voyons une rue de ville américaine. C'est de Chicago qu'il s'agit.

44. — Puis le port de New-York, ou du moins un petit coin des quais du port de cette ville.

45. — Les derniers Indiens, car la race disparaît tous les jours, nous montrent une scène de supplice.

46. — Nous voyons les mêmes Indiens sur le « sentier de la guerre »...

47. — ... et nous pouvons assister à l'une de leurs cérémonies nocturnes.

48. — Enfin, comme le lièvre qui se sauve au moindre bruit, votre serviteur se sauve, et ferme sa lanterne : soit au bruit de vos murmures désapprobateurs, qu'il craint ; soit au bruit de vos applaudissements, qu'il espère.

Texte pour accompagner 12 *bandes de verres de projections formant* 48 *vues en couleur. Prix,* **10** *fr, en boîte.*

E. MAZO,
8, boulevard Magenta, Paris

119

SUJETS COMIQUES

1. — Un gentleman américain donnant une sérénade à sa fiancée s'assied sur une mince barrière placée près de la maison.

2. — Malheureusement la barrière cède sous son poids, et le pauvre musicien est précipité les fers en l'air, dans une situation qui le ferait rougir, s'il s'apercevait que vous le voyez.

3. — Madeleine, portez ce cochon de lait à ma cousine et prenez bien soin qu'il arrive à bon port.

— Madame peut compter sur moi.

4. — Cette parole n'était pas dite, qu'Azor, qui veillait, avait ravi sur la planche le petit cochon de lait, et s'enfuyait triomphant.

Les Animaux Domestiques

1.

Le Coq, seigneur dans sa maison,
N'y souffre nul outrage ;
Devant la poule il a toujours raison,
Ah ! quel heureux ménage !

2.

L'Oie est gourmande, et contre tout voleur,
Du cou, des pieds et de la tête,
Elle défend au mieux ce qu'elle a de meilleur ;
Quoi qu'on en dise, elle n'est pas si bête.

3.

Le Chat, que nous choyons et qui n'aime personne,
Prend plaisir aux terreurs d'une pauvre souris.
Sois maudit, et que nul ne te plaigne ou pardonne,
Si d'une triste mort à ton tour tu péris.

4.

Le Chien (on ne sait pas s'il a tord ou raison),
Qui semble haïr la lune,
Contre un œil indiscret fixé sur sa maison
Aboie avec rancune.

Les Animaux Sauvages

1. — Dès la tombée du jour, le renard va porter l'épouvante parmi tous les oiseaux de la forêt.

2. — Pauvre lièvre, qui te gorges de choux et de fraîches salades, prends garde au chasseur qui te guette là-bas.

3

Les cors et les chiens cessent leur vacarme ;
Aux derniers rayons du soleil couchant,
Le cerf dans les bois rentre, et va, cherchant
L'oubli d'un long jour de peine et d'alarme.

4.

En surveillant un nid caché sous les roseaux,
Le canard prend son vol, ou s'ébat sur les eaux.

119 B

LES TYPES DU MOYEN AGE

1. — Un chevalier bardé de fer et orné d'armoiries.
2. — La Baronne ou la Marquise en costume de cour.
3. — Le père François, moine mendiant : barbe vénérable, tête intelligente, non sans malice.
4. — Manant et pauvre diable ; ce costume est à peu près de tous les temps.

LE BEAU MONDE D'AUTREFOIS

1. — Seriez-vous Madame de Pompadour ? Je la suis.
2. — Belle marquise, voulez-vous que je fasse ouvrir votre carrosse ?

3.

Je suis le roi de la finance,
Je bois le meilleur vin de France.

4.

Tous les jours, on ne voit que moi
Assister au lever du roi.

LES PLAISIRS DE L'HIVER

1. — Pour la jeunesse, le rude hiver est une belle et joyeuse saison : on va en traîneau, dévalant sur les pentes, et faisant des chutes à mourir de rire
2. — On fait des bons hommes de neige plus grands que nature, et qui ressemblent de tous points à un ours blanc.
3. — On se bombarde à coups de boules de neige, ce qui est un plaisir sans pareil.
4. — Enfin, on patine sur la glace, et dès qu'on se sent un peu fort on y mène son petit frère, pour lui apprendre cet utile exercice.

A QUOI S'AMUSENT LES ENFANTS

1. — Tout jeune, le petit garçon, avec un polichinelle.
2. — La petite fille, avec minet.
3. — Quand ils deviennent plus grands, le garçon joue à la guerre.
4. — La petite fille fait la cuisine. « Un rien amuse les enfants. »

119

LE TOUR DU MONDE EN QUATRE MINUTES

1. — D'un plaisant paysage de Suisse, où le petit chalet enfoui dans la verdure semble l'idéal du bonheur dans la paix...

2. —... nous passons à la paix éternelle des hautes montagnes : la Jungfrau lance vers le ciel sa pointe neigeuse.

3. — La mer de glace, sublime spectacle, mais bien dangereux pour les imprudents qui s'y aventurent.

4. — Des glaçons sur une mer gelée, des stalactites de glace sur nos têtes, et partout, des ours blanc qui s'ébattent dans la glace. A voir tout cela, on en a froid dans le dos.

Habitations Pittoresques

1.

Le vieux château seigneurial,
Elève sur un mont ses tourelles pointues.
Fier, hardi, menaçant.

2.

Dans le creux du vallon, plus humble, s'effaçant,
Ses pierres par le temps de mousse revêtues,
Est l'hermitage monacal.

D'UN BOUT A L'AUTRE DU MONDE

1. — Un orage dans la mer du Nord ; le navire, ballotté par les flots, se dirige d'après les feux du phare, sa suprême espérance.

2. — Le Vésuve lance au ciel une fumée noire, présage d'une éruption prochaine. Naples indolente semble dormir à ses pieds.

3. — En Egypte, au pays du Soleil. Ses rayons font chanter les statues miraculeuses, et l'Arabe fataliste charge ses chameaux, comme au temps de Memnon.

4. — Au cœur de l'Afrique. Un marabout dort dans son fastueux tombeau, entouré de grands palmiers où la datte mûrit.

LA JEUNESSE ET LES QUATRE SAISONS

1. — Douce époque du printemps ; la jeunesse s'y plaît à chasser papillons ou grenouilles.

2. — L'été vient, on lutte contre ses chaleurs en se baignant dans les eaux fraîches de la rivière.

3. — L'automne arrive, et avec lui le vent vif et rapide qui emporte les cerfs-volants jusqu'au ciel.

4. — L'hiver froid et glacé a cependant ses charmes pour le patineur intrépide qui se lance à corps perdu sur la glace.

119

LES DANSES

1. — A la cour. Voici l'élégante pavane aux gestes compassés.

2. — Puis, dans un autre monde, la polka saccadée.

3. — A la guinguette ; la vieille contredanse.

4. — Et enfin la valse, entraînante ou rêveuse, où Gretchen déploie les grâces allemandes.

LES FACHEUX CONTRE-TEMPS

1. — Jean, donne-moi une pomme ? — Nenni — En voilà une qui tombe. Pierre veut la ramasser, une autre suit la première, et pendant que les gamins luttent ensemble la corbeille pleine de pommes se vide en un moment.

2. — La mère Jacqueline voulait attacher son porc pour aller le vendre au marché, mais l'animal, plus leste qu'elle, la jette par terre, et se sauve en lui passant sur le corps.

3. — Le mauvais sujet, qui était allé voler des pommes, est bien surpris par l'arrivée de la fermière : une gaillarde qui saura bien les lui faire rendre.

4. — Etre en grande toilette, porter un bouquet à sa fiancée et, arrivé à la porte, être horriblement éclaboussé par une voiture, voilà bien un fâcheux contretemps !

121

VOYAGES EN ALLEMAGNE ET AILLEURS

1. — *Nuremberg.* — Ne pouvant offrir un panorama complet de cette ville curieuse, il faut bien la présenter par morceaux : voici un balcon circulaire d'un effet intéressant.

2. — *Nuremberg.* — Un vieux donjon qui s'échafaude sur les maisons, sur les tourelles, au-dessus des murailles de la ville et de leurs fossés profonds, comme un hibou hargneux et solitaire.

3. — *Nuremberg.* — La porte du jardin zoologique à Nuremberg : autre coin d'une ville tout entière figée dans le moyen âge, mais par la vie, et non sous les cendres comme Pompéi.

4. — *Nuremberg.* — La maison d'Albert Dürer. Le grand nom de cet artiste célèbre, une des grandes gloires de l'Allemagne, est le seul intérêt de cette vue, mais il suffit pour retenir l'attention.

5. — *Tegernsee.* — Le joli lac aux belles eaux est peut-être surpris de ne voir aucun château sur le faîte de sa montagne, ce qui est rare en Allemagne.

6. — *Berchtesgaden.*

Le village est tout fier de ses tuiles brillantes
Comme un bouquet de fleurs écloses dans les bois ;
Doux pays ! Le repos profond dont tu m'enchantes
M'appelle, et je voudrais obéir à ta voix.

7. — *Lac Supérieur.* — On le voit, ce n'est ni plus ni moins qu'une immense cuvette creusée dans les rochers pour recevoir les eaux ; mais la magie de la lumière sur les roches et sur le vert des eaux en fait un tableau inoubliable.

8. — *Bei-Partenkirchen.*

Si ce lieu n'était pas d'un nom si mal nommé
Qu'un Français ne le peut nommer ni bien ni vite,
Chacun, en le voyant, se ferait bon ermite
Pour y goûter en paix un calme consommé.

9. — *Zell.* — Petit village de 200 habitants ; heureux, puisqu'il n'a pas d'histoire et que ses plaines bien arrosées lui donnent de riches produits.

10. — *Marbach.* — Village qui a conservé des vestiges du passé, mais qui est surtout visité parce qu'il a donné naissance au grand poète Schiller.

11. — *Hals, près Passau.* — Il faut avouer que la nature a été bienveillante pour les rives du Rhin ; ne pouvant les border que de montagnes, elle a varié celles-ci avec une merveilleuse diversité.

12. — *Tuckersfelden.* — La montagne de la vue précédente était un pain de sucre, celle-ci est un amoncellement baroque qui fait penser aux titans ou à la tour de Babel.

13. — *Le château des comtes de Falkenstein,* en français « rocher du Faucon », est placé sur une montagne si élevée qu'on découvre de là soixante-dix localités diverses. Heu-

reuse situation, d'où le faucon pouvait s'élancer et chercher sa proie aux alentours.

14. — *Ahëting*. — Presque fatigué du pittoresque, — hautains rochers et fiers châteaux, — l'œil contemple avec satisfaction une petite ville couchée dans la verdure, et qui, presque inconnue, paraît satisfaite en sa modestie.

15. — *Pont Louis à Bamberg*. — Un pont en fil de fer, c'est un peu démodé; on n'en fait plus que pour jeter sur les grands fleuves d'Amérique. Mais, en proportions réduites, cela orne gentiment le petit paysage d'une petite ville.

16. — *Château de Lauf*.

Ah ! le joli petit castel !
Rien en lui ne parle de guerre :
Une laveuse à la rivière,
Et des sourires dans le ciel !
Il s'associe à la nature,
Comme elle, simple est sa parure.
Oh ! le joli petit castel !

17. — *Cathédrale de Stuttgart*. — Cette église, monument gothique du xve siècle, a été restaurée en 1841, quoique les deux tours soient inachevées. Près de là est la statue de Schiller, modelée par le sculpteur Thorwaldsen.

18. — *Tubingue*. — Cette ville est le siège de l'Université la plus célèbre d'Allemagne. Les étudiants y mènent grand tapage, boivent des chopes, se battent en duel. Nul ne s'en plaint : en Allemagne, le professeur et l'officier ont un grand prestige.

19. — *Franken*. — Outre l'attrait de ses sites variés, ce village est remarquable par son vieux château, ou burg, datant environ du xie siècle. Il est bâti, avec une hardiesse incomparable, sur un roc étroit et escarpé.

20. — *Brixiegg*. — La plupart des petites villes d'Allemagne n'ont, comme celle-ci, d'autre histoire que celle de leur burg ou château, c'est-à-dire des luttes sans fin entre les seigneurs ou leurs familles. La petite ville aujourd'hui s'endort dans le calme de sa prospérité.

21. — *Environs de Franken*. — Vieux reste d'ermitage ou de couvent, non moins ancien peut-être que le château. La grâce simple et rustique de cette construction est remarquable.

22. — *Moulin de Nuggendorf*. — Le voilà bien, le moulin d'opéra comique, si charmant et si gai, sans art et sans apprêt, et cependant si artistique. On n'en fait plus !

23. — *Streitberg*. — Encore un château ou burg ruiné. Ce qui en reste permet de voir qu'il était entouré de chemins étroits sur une grande étendue, sorte de circonvallation qui lui a donné son nom.

24. — *Les Douze-Etangs, près de Nuremberg*. — Après avoir fabriqué tout le jour des soldats de plomb ou des bergeries, les Nurembergeois ne manquent pas de place pour se livrer au plaisir du canotage.

25. — *Lac du Roi*. — Ce petit lac n'a, à notre connaissance,

ni légende ni histoire ; il lui suffit d'être un coin charmant, symbole du bonheur tranquille et doux.

26. — *Un Pont près de Grimsel.* — La science moderne ne nous fait plus de paysages ; elle détruit, au contraire, tous ceux qu'elle trouve sur son chemin. Ce petit pont ne se rencontrerait plus qu'à l'Opéra.

27. — *Heidelberg.* — Cette ville, dont l'Université est célèbre en Allemagne, offre à la curiosité du voyageur un magnifique château, ancienne résidence des comtes Palatins et des princes électeurs de l'empire.

28. — *Ingolstadt.* — Ville de 12.000 habitants, en Bavière. L'inévitable château antique qui orne toutes les villes d'Allemagne offre ici un air moins rébarbatif ; ses gentilles poivrières sont des plus pacifiques

29. — *Lichtenstein.* — Il y avait, entre les vieux châteaux des bords du Rhin, comme une lutte à savoir lequel s'élèverait le plus haut ; celui-ci s'est perché sur une pointe d'aiguille, et semble avoir mérité le prix.

30. — *Hohenschwangau.* — Par ses hautes tours carrées, à la manière anglo-saxonne, et les ornements un peu prétentieux, à la façon moyen âge, qui les entourent : porte factice, terrasse crénelée, ce château, dans un site admirable, offre un mélange fait pour plaire aux yeux.

31. — *Nuremberg.* — Chacun sait que la ville de Nuremberg est, de toutes les villes d'Allemagne, celle qui s'est conservée le plus intacte dans son vêtement du moyen âge. Ce petit coin n'en donne qu'une idée approchante dans sa légère et élégante tourelle.

32. — *Nuremberg.* — Voici une vue un peu plus complète de la ville antique : vieux pont massif, dit « Pont de Charles » (*Karlsbruecke*), clochers pointus émergeant des vieilles maisons, tout nous rend le passé intact et vivant.

33. — *Vieux pont, à Prague.* — Le vieux pont, décoré de statues à la manière du pays, est dépassé en intérêt par sa porte dont les deux tours se découpent si audacieusement sur l'horizon.

34. — *Trarbach.* — Petite ville remarquable par son antiquité. Sous les châteaux ruinés qui couronnent ses hauteurs, on remarque des maisons moyen âge d'une fantaisie un peu outrée.

35. — *La « Route pointue », ou Axenstrasse.* — Cette route stratégique, qui suit la rive du lac et longe le Saint-Gothard, offre, au milieu des rochers où elle a été creusée, quantité de points de vue pittoresques.

36. — *Kufsnacht.* — Jolie station enfouie dans la verdure. Le voyageur qui la côtoie en bateau est tenté de descendre dans ce petit paradis d'aspect si engageant.

37. — *Rome.* — Nous faisons ici une rapide excursion en Italie. Voici, vue de loin et dans un paysage bien italien, la ville de Rome, dont il y aurait trop de choses à dire pour en parler ici.

38. — *Albano.* — Le délicieux lac près de la ville du

même nom, à peu de distance de Rome, et dans une situation qu'on peut juger ravissante.

39. — *Gênes*. — Un coin du port de cette ville célèbre, restes de ses vieilles murailles que l'on contemple avec intérêt, en contraste avec son développement et sa richesse modernes.

40. — *Capoue*. — Gentille fontaine dans la ville qui fut autrefois la cité des plaisirs et de la volupté, et qui se contente aujourd'hui d'être l'asile du repos indolent.

41. — *Kissingen*.

Cachés sous les monceaux de ses croulants débris,
Du castel, les tristes fantômes
Jettent sur la campagne un regard tout surpris,
De voir combien changent les hommes.
On a sous les créneaux bâti des monuments
Dont leur vue est tout offensée ;
Seul ce petit pêcheur, remontant les courants,
Ressemble à l'époque passée.

42. — *Passau*. — Ville forte de Bavière, située sur le Danube, qui, à cet endroit, grossit ses eaux de deux rivières, l'Inn et l'Ill.

43. — *Fribourg*. — Bâtie sur des rochers, Fribourg a fourni à des architectes ingénieux l'occasion de la doter de deux ponts suspendus qui sont les plus beaux que l'on connaisse. Les orgues de sa cathédrale sont sans rivales au monde.

44. — *Auerkirchen*, ou l' « Eglise des champs ».

« De sa pointe fine et hardie,
« Le clocher nous montre les cieux ;
« Le vert charmant de la prairie
« Attire et réjouit les yeux. »

45. — *Schwytz*. — Ce que cette petite ville a de plus remarquable, c'est d'avoir donné son nom au pays entier. Quant à sa situation pittoresque, elle rivalise avec les nombreux sites de ce genre que l'on rencontre à chaque pas en cet heureux pays.

46. — *Thune ou Thoune*. — Bâtie sur les bords de l'Aar qui sort du lac de Thoune. L'ancien château qui la domine de ses hautes tourelles lui donne un aspect particulier. L'intérieur de la ville, avec des maisons à arcades et six ponts sur l'Aar, est plaisamment original.

47. — *Glaris*. — Cette petite ville est dominée par de hautes montagnes. L'une d'elles a 2.300 mètres d'altitude. Il y a de jolies excursions à faire dans ce coin tranquille, où l'on trouve tout ce qui attire en Suisse : monts élevés, lac paisible et bruyantes chutes d'eau.

48. — *Interlaken*. — Située entre les lacs, comme son nom l'indique, et près de la célèbre montagne de la *Jungfrau*, « la Vierge », cette petite ville est habitée l'été par 50.000 étrangers qu'attirent son air, sa position centrale et les magnifiques panoramas qu'elle offre aux visiteurs.

Les 48 vues montées sur 12 bandes de verre, prêtes à être projetées, **10** *fr.*

120

VOYAGE EN SUISSE ET AUX BORDS DU RHIN

1. — *Appenzell.* — Petite ville de 4.500 habitants, qui fut la résidence d'été des abbés de Saint-Gall; ses broderies sont renommées.

2. — *Schaffhouse.* — Célèbre par la belle chute du Rhin qui l'avoisine, et à laquelle elle dut sa naissance et sa prospérité. A conservé l'aspect primitif des villes du moyen âge.

3. — *Zurich.* — Patrie de Lavater, ville industrielle et commerçante. En 1799, le général Masséna y remporta une victoire sur les Russes.

4. — *Ensiedeln, ou Notre-Dame-des-Ermites.* — Célèbre par une vierge noire, qui attire perpétuellement de nombreux pèlerins.

5. — *Lucerne.* — Cette ville est comme un raccourci des charmes de la Suisse : elle a un air pur, des sites admirables ; aussi est-elle le point central où se rendent les voyageurs pour rayonner dans les autres parties du pays.

6. — *Chapelle de Guillaume Tell.* — Cette chapelle, qui date de 1881, est un souvenir du libérateur de la Suisse construite à l'endroit où Guillaume Tell mit pied à terre pour fuir le tyran Gessler.

7. — *Fluelen.* — A l'abri des hautes montagnes, et baignant ses pieds dans les eaux bleues du lac, ce ravissant village semble l'arche du bonheur et de la paix tranquille.

8. — *Chemin de fer du Rigi.* — Ne craignons pas d'avouer ici, puisque la vue le démontre trop clairement, que l'invention moderne du chemin de fer, si commode pour monter le Rigi, n'ajoute rien de beau au charme du paysage.

9. — *Bâle,* — ou *Basel,* puisque nous sommes dans la Suisse de langue allemande : ville importante de 92.000 habibants. Curiosités : la salle du célèbre Concile de 1340, et, au Musée, la *Danse des morts.*

10. — *Berne.* — Ville au cachet moyen âge, dans une situation pittoresque. Elle est le siège du gouvernement fédéral suisse. L'ours, au nom duquel elle doit le sien, y est en grande vénération.

11. — *Thun* (en français : Thoune). — Délicieuse petite ville de 6.000 habitants. Son heureuse situation est relevée, d'une manière piquante, par son château aux hautes tourelles, qui date du xe siècle.

12. — *Interlaken,* — Le point de la Suisse le plus fréquenté par les étrangers : on en compte 50.000 chaque année, attirés par son climat salubre et son agréable aspect.

13. — *Le Staubach.* — Une des plus belles chutes d'eau de

la Suisse, qui tombe d'une hauteur de 305 mètres, dépassant ainsi quelque peu la tour Eiffel.

14. — *Grindelwald-Gletscher*. — Ce site un peu sauvage, avec ses hautes montagnes et sa source bouillonnante, présente un heureux contraste avec les petites villes au bord des eaux calmes ou enfouies sous le feuillage.

15. — *Reichenbach Fall*, — c'est-à-dire la source riche, abondante, se divise en chutes inférieures et chutes supérieures. Elles offrent au touriste des vues admirables, et des promenades parfois un peu pénibles, mais charmantes.

16. — *L'Ile de Jean-Jacques Rousseau*. — Genève est fière de son beau lac et de Jean-Jacques Rousseau, cette célébrité au moins aussi française que suisse. Elle a donné à sa statue le reposant abri d'une île de verdure.

17. — *Chillon*. — Ce château, dont l'heureuse situation suffirait à intéresser le regard, est célèbre dans l'histoire de la Suisse; un de ses martyrs de la liberté, Bonivard, y fut renfermé dans un obscur cachot pendant six ans.

18. — *Zermatt*. — Ce joli village, encaissé dans les rochers comme un bijou de Nuremberg dans sa boîte, est situé près de la frontière italienne; les hautes cimes des Alpes le dominent.

19. — *Route du Simplon*. — La montagne du Simplon a des abords aussi abruptes que pittoresques. Cette route, où l'on semble menacé par d'immenses rochers d'un côté, par de bruyantes chutes d'eau de l'autre, n'a rien de banal.

20. — *Le Pont du Diable*. — Tout est diabolique dans cette vue : le cirque de rochers renfrognés, les eaux qui tombent, effrayantes, des hauteurs. Sur le torrent, on voit en réalité deux ponts, les restes du vieux écroulé en 1830, et remplacé par un autre qui le domine.

21. — *Locarno*. — Ville du canton suisse du Tessin, sur le lac Majeur, et près de la frontière, montre déjà une physionomie italienne, qu'on reconnaît à première vue.

22. — *Bellinzona*. — Voici la capitale de ce canton du Tessin, également d'aspect plus italienne, et quelque peu rébarbative avec les trois châteaux qui la dominent, et dont deux sont ruinés. On se sent près de la frontière.

23. — *Bernina Fall* (ou « chutes de Bernina »). — Chutes coquettes à la fois et puissantes, qui parviennent à étonner par la splendeur de leurs chutes, et savent néanmoins les disposer et les varier agréablement.

24. — *La gorge de la Tamise*. — Ce torrent impétueux, qui va à quelque distance se jeter dans le Rhin, réalise ici tout ce que l'imagination peut rêver de plus effrayant et de plus grandiose.

25. — *La source du Rhin*. — Ce grand fleuve a, on le sait, des commencements impétueux, en rapport avec la grande figure qu'il fait dans le monde.

26. — *Via mala*. — Cette « mauvaise route », dont le nom

est mérité, est le but d'une excursion chère aux amateurs de sites grandioses et sinistres. La longueur de la route taillée dans le rocher est d'environ une lieue.

27. — *Thusis.* — Ce bourg du canton des Grisons est connu pour offrir aux touristes un abri contre les chaleurs de l'été. On voit auprès les ruines d'un château, qu'on dit le plus ancien de la Suisse.

28. — *Ragaz.* — Plus de 30.000 étrangers visitent chaque année ce petit bourg de 2.000 habitants, grâce à la réputation de ses eaux et à leur splendide aménagement.

29. — *Stein.* — Dominée par l'ancien château de Hohenklingen, Stein offre encore aux curieux une ancienne station romaine, et le vieux monastère de Saint-Georges, intelligemment restauré.

30. — *Laufenburg.* — La chute du Rhin, dont la cascade se voit dans le numéro suivant, est ici pittoresquement dominée par le château de Laufenburg, semblable à un géant qui commanderait à ses eaux.

31. — *Chute du Rhin.* — Du plateau supérieur, le Rhin descend en chute à la façon du Niagara ; spectacle impressionnant et magnifique.

32. — *Bâle.* — Ville importante, assez riche en souvenirs du moyen âge, vieilles églises, maisons curieuses. On remarque au Musée historique la célèbre *Danse des morts*, d'Holbein.

33. — *Spire.* — C'était, sous les Romains, une des plus puissantes villes des bords du Rhin. Elle changea souvent de maître, fut souvent ravagée, incendiée, et soutint de nombreux sièges. On y trouve de nombreux restes de son antiquité.

34. — *Worms.* — Une des villes les plus célèbres et les plus anciennes d'Allemagne. Les Romains y avaient une résidence ; Brunehaut et Charlemagne l'habitèrent. Elle est célèbre par la Diète de 1521, où comparut Luther.

35. — *Mainz* (en français, Mayence). — Très ancienne ville, dont l'histoire est intéressante, mais où le nom et le souvenir de Gutenberg se place au premier rang.

36. — *Bingen.* — Le plus vieux souvenir qu'on ait sur cette ville remonte aux Romains : il consiste en un château ruiné qui dominait la montagne, et un pont, primitivement construit par Drusus.

37. — *Le Rheinstein.* — Ruines d'un vieux château, type de tous ceux que les seigneurs du moyen âge avaient établis sur les rochers élevés du Rhin, pour surveiller les environs, et de là se livrer à toutes sortes d'exactions et de rapines.

38. — *Soonnek.* — Autre vieux château, encore plus admirablement situé. Cette sentinelle de pierre, si heureusement située, est le ravissement de l'artiste et de l'amateur.

39. — *Bacharach.* — Ancien centre romain, dont le nom signifie « Autel de Bacchus », et qui avait, dès lors, une renommée vinicole qu'il conserve encore.

40. — *Caub.* — Cette petite localité est adossée au château ruiné de Gutenfeld. C'est un point central pour la production de ces vins du Rhin, dont la réputation est universelle, et le prix si élevé.

41. — *Oberwesel.* — Ce qui reste du passé témoigne de l'importance qu'on lui attribua sous les Romains et dans le moyen âge, jusqu'à sa dévastation pendant la guerre de Cent Ans, dont elle ne s'est pas relevée. Sa grande tour ronde souligne son délicieux paysage.

42. — *Saint-Goar.* — Ecrasée par un rocher puissant, que couronne l'inévitable château, Saint-Goar se trouve sur une partie du fleuve où des bas-fonds et des gouffres rendent la navigation dangereuse.

43. — *Loreley.* — Ce nom rappelle les légendes merveilleuses dont ce pays abonde. Les plus connues ont trait à un puissant écho produit par les rochers. Sur les bateaux de voyageurs, il est d'usage de tirer un coup de pistolet pour en montrer la puissance.

44. — *Rheinfels.* — Puissante accumulation de rochers, au sommet desquels un château-fort rançonnait les bateaux au passage. Soixante villes liguées contre lui purent seules par la force détruire cette piraterie.

45. — *Stolzenfels* (ou « l'Orgueilleux Rocher »). — Ajoutons que le château qui le couronne n'est pas moins hautain; tous les deux contemplent de haut un paysage d'un pittoresque admirable.

46. — *Coblentz.* — Belle ville fortifiée. S'appelait sous les Romains *Confluentes*, parce qu'elle est au confluent de la Moselle et du Rhin. Célèbre pour avoir donné asile aux émigrés, sous la Terreur.

47. — *Drackenfels* (ou « Roc du Dragon »). — Souvenir de quelque légende, fabuleuse ou non, du fier château qui dominait le pays.

48. — *Cologne.* — Très florissante sous les Romains, Cologne fut prise par les Francs; Clovis y fut proclamé roi en 506. Sa cathédrale est une merveille d'élégance et de hardiesse. La légende veut que le dessin en ait été donné par le diable, ce qui est non moins hardi.

106

LE PETIT POUCET

1. — L'histoire du petit Poucet n'a besoin d'être racontée à personne. Tout le monde la connaît aussi bien et même mieux que moi. Nous la présentons donc tout simplement comme une vieille connaissance, et sans grandes explications. Voici la famille des sept enfants au moment où les parents, ne pouvant plus les nourrir, s'apprêtent à les perdre dans les bois.

2. — Voici les enfants dans la maison de l'ogre, lorsque, pressé par la faim, il s'apprête à les tuer pour les manger. Mais sa femme, voulant leur laisser une chance de s'échapper, lui conseille de les laisser vivre encore jusqu'à ce qu'ils soient engraissés.

3. — Conduits par le petit Poucet qui était très malin, et sans doute favorisés par la bonne ogresse, les enfants s'échappent. Le petit Poucet, ayant pris à l'ogre pendant qu'il dormait ses bottes de sept lieues, les emmène avec une rapidité inconcevable à travers les bois et les champs, et les dépose à la porte de leurs parents, qui regrettaient bien de les avoir perdus.

4. — Lorsque les enfants furent tous rentrés au logis, le petit Poucet, malgré son jeune âge, obtint un bel emploi de facteur dans l'administration des postes, où grâce à ses grandes bottes il rendit de très grands services.

LE PETIT DÉSOBÉISSANT

Le petit Alfred et sa sœur se trouvaient dans la cave, où ils virent une quantité de fruits que leurs parents avaient mis là comme provision pour l'hiver.

« Mangeons-en », dit Alfred. Mais Eugénie refusa, parce que cela était défendu ; et elle remonta à la maison.

Alfred, resté dans la cave, ne sut plus ouvrir la porte, et resta là jusqu'au soir dans l'obscurité, où il eut bien peur ; il vit des éclairs l'éblouir à travers le soupirail, et il lui sembla dans un coin voir qu'il y avait un grand homme qui le regardait avec des yeux terribles, juste au moment où il avait trouvé un pot de crème qu'il s'apprêtait à manger.

Pendant ce temps-là, la petite Eugénie, qui s'occupait tranquillement aux soins du ménage, vit un petit ange tout habillé de blanc, qui lui apporta du ciel une bonne tasse de café au lait et une jolie poupée.

Quant au désobéissant Alfred, sa mère, l'ayant trouvé à la cave, le gronda fortement, lui donna de bons coups de balai, et le condamna à passer encore une journée à la cave, avec un pot d'eau claire au lieu de crème.

Le Barbier

Un jeune seigneur venait d'hériter de son père. Il s'acheta aussitôt des habits magnifiques, remplit une valise d'argent, et partit pour Hambourg afin d'y goûter tous les plaisirs des grandes villes.

Il ne tarda pas à perdre tout son argent dans le jeu et la débauche, si bien que n'ayant plus le sou il en fut réduit à se faire domestique et à servir chez un homme riche. Un jour, un noble Russe qui se trouvait là lui dit : « Si vous voulez être riche, je ferai votre fortune. Celui que j'enverrai vous dira ce que vous avez à faire. »

Or, le soir, étant rentré dans la chambre où il couchait, il s'aperçut tout à coup qu'il n'était pas seul. A son grand effroi, un homme, qu'il n'avait pas vu entrer, était près de lui. Cet homme portait le costume d'un barbier, et avait à la main un grand rasoir. Il lui dit : « Assieds-toi là. » Et il se mit en devoir de le raser. Plein de frayeur, mais n'osant résister à ce fantôme, le jeune homme obéit. Le barbier le rasa longuement, si bien qu'à la fin c'était une belle barbe blanche qu'il coupait. Enfin après l'avoir rasé complètement, il lui dit : « Voici une perruque, demain soir tu iras au port, et quand la lune paraîtra mon envoyé te dira ce que tu as à faire. »

Le lendemain soir, le jeune homme était au rendez-vous. Il attendit longtemps, se demandant s'il avait rêvé. Enfin, dès que la lune se fit voir, un homme privé d'une jambe passa près de lui et lui dit seulement : « Troisième pierre. » Il médita longtemps sur le sens de ces mots. Enfin, il pensa qu'il fallait regarder autour de lui et compter les pavés. Mais à partir de quel endroit ? Enfin, sur le matin, un rayon de lune ayant frappé juste sur la troisième pierre à partir de l'entrée du port, il fouilla en cet endroit, et y trouva une lourde malle toute remplie d'or et d'argent.

LA BELLE AU BOIS DORMANT

1. — Il était une fois une reine qui se désolait de n'avoir point d'enfants. Un jour qu'elle était au bain, une grenouille lui parla et lui dit : « Je veux exaucer tes désirs : tu auras une fille. Aussitôt qu'elle sera née, invite toutes les fées du pays à son baptême afin qu'elles lui fassent des dons avantageux. » Ce fut ce qui arriva. Par malheur, une méchante fée, qu'on avait oublié d'inviter, survint tout à coup au dessert et dit : « Cette enfant mourra d'une blessure avant sa vingtième année. » Tout le monde était dans la désolation. Une bonne fée, qui n'avait pas encore parlé, s'avança, et, en regrettant de ne pouvoir supprimer ce terrible don, déclara qu'elle avait le pouvoir de changer la mort en un sommeil de cent ans.

2. — A partir de ce moment, les parents désolés firent tous leurs efforts pour éviter que la funeste prédiction s'accomplît. On tint la jeune princesse renfermée dans une tour, on supprima autour d'elle tous les instruments tranchants et tout ce qui pouvait

causer une blessure. Le moment de sa vingtième année était arrivé, et l'on se félicitait déjà d'avoir pu, à force de soins, déjouer les funestes prédictions de la fée, lorsqu'un jour, la jeune princesse, parcourant la tour, entra dans une chambre écartée, et y trouva une vieille qui filait, ce qu'elle n'avait jamais vu. Elle voulut filer aussi, et s'y prit si mal qu'elle se perça la main avec le fuseau de la vieille.

3. — Aussitôt elle tomba dans le profond sommeil annoncé par les fées. Et avec elle tout s'endormit dans le château : les gardes et les valets, la reine et le roi, les femmes de chambre et les marmitons. Une haie épaisse d'églantines crût autour d'eux, et les enveloppa dans sa verdure. Et ainsi, parmi les feuilles et les roses, la jeune princesse et tout ce qui l'entourait dormit, cent années durant, d'un profond sommeil.

4. — Quand les cent ans furent révolus, un jeune prince qui chassait par là entendit parler du château enchanté et de la princesse qui y était enfermée, et il éprouva un grand désir de pénétrer ce mystère. Il chercha longtemps en vain, car le bosquet de rose était soigneusement caché au plus profond de la forêt. Enfin, un jour, au moment où il était sur le point d'abandonner ses recherches, il se trouva en présence du bosquet de roses. La haie magique s'ouvrit devant lui, et il parvint jusqu'à la princesse qu'il trouva encore plongée dans le sommeil. Ravi de sa beauté merveilleuse, il s'agenouilla devant elle, l'éveilla en lui embrassant la main. Et, à ce signal, tout se réveilla dans le château : le roi, la reine, les gardes et les valets, et les femmes de chambre et les marmitons. Et le jour même on les maria. Leurs noces furent célébrées avec une grande pompe, la joie et la gaîté y présidèrent, et ils recommencèrent la vie avec de grands présages de bonheur.

Le Petit Chaperon Rouge

1. — Il était bien gentil, le petit Chaperon rouge, sous la coquette coiffure que sa grand'mère lui avait donnée, et il fut bien content lorqu'un jour sa mère lui dit : « Va, enfant, et porte à ta grand'mère ce pot de beurre et cette galette, car elle est au lit, malade, et sera bien aise de te voir, mais surtout ne t'attarde pas en route, car il y a des loups dans la forêt. »

2. — Par malheur, le petit Chaperon rouge, désobéissant, fut tenté par de belles fraises rouges le long du chemin, et s'amusa à en manger. Le loup, qui l'avait vu, le devançait, et étant allé au logis de la vieille, il se faisait ouvrir en contrefaisant la voix de l'enfant, puis, s'étant jeté sur la grand'mère, il la dévora et prit sa place dans son lit. Quand l'enfant vint frapper à la porte, « Tire la chevillette, dit le loup, entre et viens auprès de moi. — Ah ! que vous avez de grands yeux ! » s'écria l'enfant ne reconnaissant plus sa grand'mère. — « C'est pour mieux te voir. — Ah ! que vous avez de grandes dents ! — C'est pour mieux te manger, mon enfant. » Et il voulut se jeter sur elle pour la dévorer.

3. — Heureusement, un chasseur passait dans la forêt, lequel entendit tout ce tapage, enfonça la porte et arriva juste à temps pour sauver la petite de la férocité du loup.

4. — Et c'est ainsi que l'histoire finit plus heureusement que ne l'a conté, en son temps, M. Perrault, un homme qui avait trop d'imagination et qu'il ne faut pas toujours croire sur parole. De vieux livres que nous avons consultés nous donnent la certitude que le loup fut bien tué, comme il est dit plus haut, et jeté dans la mare, où tous les gens du voisinage vinrent contempler son cadavre et se féliciter d'être délivrés de lui.

BLANCHE-FLEUR

1. — Blanche-Fleur était la fille d'un roi, on l'appelait ainsi parce qu'elle était toujours vêtue de blanc. Par malheur, de méchantes gens firent croire à son père qu'elle avait voulu l'empoisonner. Et le roi, dont la colère était terrible, ordonna à un de ses soldats d'emmener la jeune princesse dans le bois et de la mettre à mort. Le soldat voulut faire ce qui lui était ordonné, mais, arrivé dans le bois, il ne put se résoudre à frapper une jeune fille si douce et si aimable, et qui avait été toujours si bonne pour lui. Il résolut donc de la laisser vivre dans la forêt, en la recommandant à la garde de Dieu, et tua à sa place un jeune chevreau, dont il rapporta le cœur à son maître, ainsi que celui-ci le lui avait ordonné pour être sûr que ses ordres avaient été remplis.

2. — Blanche-Fleur, ainsi abandonnée, mena quelque temps une vie pénible dans la forêt, se nourrissant de fruits sauvages et s'abreuvant aux eaux des sources. Un jour, elle se trouva devant une misérable hutte, où elle entra pour se mettre à l'abri, et, ayant vu là un lit, brisée de fatigue, elle se jeta dessus et s'y endormit. Cette hutte était la demeure des Sept-Nains de la forêt, des petits êtres difformes et ridicules, point malfaisants, qui vivaient là, loin du monde, cachés à tous les yeux, et n'ayant d'autre soin que de maintenir l'ordre et la belle tenue de la forêt. Ayant le pouvoir de se cacher à tous les regards, ils veillaient, sans qu'on s'en aperçût jamais, à ce que chaque arbre poussât bien à sa place, et ne fût pas étouffé et mis à mort par les empiètements des autres, ni détruit par les bêtes sauvages. Quand les bons petits nains rentrèrent et virent cette belle fille endormie chez eux, ils furent tout joyeux. Ils lui préparèrent un bon repas, et elle vécut désormais tranquillement et heureusement avec eux.

3. — Or, le roi avait entendu dire par des gens bavards et méchants que sa fille était encore vivante, et qu'on l'avait vue par hasard dans la forêt. Furieux de savoir que ses ordres n'avaient pas été exécutés, il chargea cette fois un de ses serviteurs qu'il savait fourbe, audacieux et capable de tout, de se déguiser en marchand, et de parcourir toute la forêt jusqu'à ce qu'il eût trouvé sa fille. Le méchant serviteur vint à bout de son dessein, et, ayant trouvé la hutte où se cachait la jeune fille, il lui offrit à bon marché plusieurs objets de toilette qui étaient de nature à la tenter, et entre autres un collier empoisonné qui la jeta dans un sommeil profond. Quand les

bons petits nains rentrèrent, ils furent remplis d'une extrême douleur, car ils la crurent morte, et ils l'aimaient beaucoup.

4. — Ils choisirent un endroit retiré dans la forêt, ils creusèrent un grand trou, pour l'enterrer, et, avec beaucoup d'efforts, ils roulèrent auprès une grosse et large pierre pour recouvrir la fosse et lui servir de monument. Comme ils étaient à cette triste besogne, ils virent tout à coup un jeune prince, magnifiquement vêtu, qui, ayant examiné la jeune fille, leur dit : « Cette princesse n'est pas morte, elle dort seulement. » Alors, ayant pris une petite fiole magique qu'il portait sur lui, il frotta doucement du son contenu le front et les mains de la jeune fille, qui se réveilla bientôt et se mit à sourire. L'histoire se termina par un heureux mariage et des noces magnifiques.

LE PAYS DE COCAGNE

1. — C'est un pays qui est loin, bien loin de chez nous. Des voyageurs qui disent y être allés nous ont raconté des choses merveilleuses et à peine croyables. Il faut pourtant que cela soit vrai, puisqu'ils disent qu'ils l'ont vu. Mais aucun d'eux n'a jamais voulu faire connaître où se trouve ce beau pays, ni quelle route il faut prendre pour y aller.

Il paraît qu'en cet heureux pays on a tout à souhait, et même sans avoir la peine de rien souhaiter. Le vin coule continuellement des fontaines, le pain tout cuit se cueille sur les arbres, les maisons sont de biscuit et ornées de croquignoles et de tartelettes.

2. — Les oiseaux tout rôtis vous tombent dans la bouche, et l'on n'a qu'à secouer les arbres pour en faire tomber à volonté de la viande toute cuite ou de la pâtisserie. On s'habille sans avoir besoin d'aller chez le tailleur, car les habits tout faits y poussent en plein vent comme font chez nous les poires et les pommes. Aussi les hommes n'y sont pas maigres, et les cochons y sont gras.

3. — Pour se distraire, et sans qu'on en ait absolument besoin, les habitants s'amusent à se donner un roi, et ils apportent la couronne à celui qui est reconnu comme le plus paresseux et le plus indolent d'entre eux. Et il paraît que le choix n'est pas sans difficulté.

4. — Les jeunes filles, qui sont, là comme ailleurs, plus coquettes que gourmandes, trouvent à foison sur les haies des rubans de toutes couleurs, des chapeaux, des miroirs. Et les bébés nagent dans des flots de riz au lait et de confiture, on leur donne une cuiller seulement pour les amuser, car ils n'ont rien à faire pour en avoir plein la bouche.

LE CHARMEUR DE RATS

Ceci est la simple histoire d'un paysan de Bavière qui avait le don merveilleux de charmer les petits animaux en jouant de la flûte. Sont-ce les airs qu'il jouait, et que sans doute quelque sorcier lui avait appris, est-ce la manière particulière dont il jouait, et qui sans doute lui avait été miraculeusement enseignée ? Toujours est-il qu'aux premiers sons de sa flûte les rats accouraient en foule autour de lui. Or, la Bavière ayant été désolée par l'apparition d'une quantité innombrable de rats, on parla de ce charmeur au roi. Mais celui-ci, qui n'avait jamais vu chose pareille, n'y voulait pas croire et s'en moquait. Il fit venir le paysan.

Celui-ci se mit aussitôt à l'œuvre : dans les celliers, les caves, les greniers, les églises, il alla jouer ses airs, et aussitôt, de tous les coins, de tous les trous, sortirent des bataillons de rats, que l'on put exterminer facilement.

Dans le même temps, un fléau à peu près semblable désola les campagnes : de même que les villes étaient rongées par les rats, les campagnes étaient infestées d'une quantité inaccoutumée de lapins. Tout était dévoré par eux : choux, carottes, pommes de terre disparaissaient si promptement qu'il n'en restait plus pour les pauvres humains. Un vieux nain un peu sorcier, peut-être celui qui avait enseigné au paysan ses airs magiques, fit connaître à ses voisins le moyen de se débarrasser de ces rongeurs.

Et la même merveille se renouvela. Dès que le paysan se fut installé avec sa flûte dans un endroit convenable et se fut mis à jouer, on vit les lapins accourir pour écouter, se mettre sur leur derrière et jouer des babines, aussi heureux en apparence que s'ils avaient été à l'Opéra.

Cette histoire prodigieuse est véridique, puisqu'on la trouve rapportée dans de vieux livres, tout poudreux, mais vénérables, que l'on peut consulter à la bibliothèque de Munich.

LA PRINCESSE BELLA-FLORA

Un jour, le jeune prince Emeric rencontra aux portes de la ville une vieille sorcière à qui il fit l'aumône. Celle-ci lui dit : « Mon jeune prince, je veux reconnaître votre bonté, il y a dans le château du magicien Bacarac une charmante princesse, qui est retenue prisonnière par les maléfices de cet enchanteur. Prenez le vieux pot de terre que vous voyez à vos pieds, il vous suffira de vous frotter avec l'onguent qu'il contient pour être invulnérable et braver tous les dangers du château mystérieux. »

Le jeune prince s'en alla bravement au château de l'enchanteur, où il vit des choses terribles et vraiment effrayantes. Mais l'onguent de la vieille le sauva de tous les périls. Un jour qu'il avait oublié de s'en frotter, un monstre effrayant et terrible, moitié dragon, moitié homme, l'emporta dans les airs, et le laissa tomber dans une rivière profonde afin de l'y noyer.

Heureusement le jeune prince savait nager, il se tira de ce danger, et resta quelque temps évanoui sur le rivage. Quand il revint à lui, il vit une quantité innombrable de canards qui venaient à lui en nageant. L'un d'eux se mit à lui parler et lui dit : « Nous sommes envoyés par la fée Urgelle, ta protectrice. Maître, prends l'un de nous, mets-le dans ta poche, et avec lui tu pourras aller partout. »

En effet, ayant le canard magique en poche, le prince retourna au château, où il vit des choses encore plus effrayantes que la première fois : des dragons volaient partout et vous menaçaient de leurs ongles et de leurs dents. Le prince brava avec courage tous ces dangers, et délivra la jeune princesse, qu'il épousa.

LES ENFANTS PERDUS

Ceci est une touchante histoire que l'on raconte en certains pays et qui semble inspirée par notre *Petit Poucet*, avec lequel elle a certains rapports.

Des bûcherons très malheureux et d'une pauvreté extrême, n'ayant plus de pain à donner à leurs enfants, les conduisirent dans la forêt, et les abandonnèrent à la garde de Dieu. Quand les pauvres petits virent la nuit venir, ils eurent bien peur. Le petit garçon, qui était l'aîné, encouragea sa sœur. Ils se nourrirent de fruits sauvages et se mirent en route à travers la forêt, cherchant quelque bonne aventure.

Ce fut une très mauvaise qu'ils trouvèrent d'abord. Ils étaient arrivés à une hutte dans la forêt, où un gros homme, d'aspect peu engageant, les accueillit cependant avec bienveillance et leur donna à manger. Au bout de quelques jours, la petite fille, qui était très fine, s'aperçut que leur hôte était un ogre, et qu'ils couraient le plus grand danger. Elle l'entendit former avec sa femme le projet de tuer les enfants quand ils seraient gras : il se mit même à chauffer le four pour cuire le petit garçon, qui devait être sacrifié le premier.

Aussitôt, l'intelligente petite fille avertit son frère. Et ils se mirent en route pendant que les ogres dormaient. Ils marchèrent longtemps, mais, étant arrivés au bord d'une rivière, ils étaient très embarrassés et se désolaient, lorsque tout à coup un grand cygne blanc vint à eux de l'autre rive, et s'étant approché très près leur fit comprendre qu'ils pouvaient monter sur son dos. Et il les transporta, la fille d'abord le garçon ensuite, à l'autre rive.

A peine les deux enfants avaient-ils abordé, qu'ils furent tout surpris de reconnaître leur pays. C'étaient bien les arbres, les chemins qu'ils connaissaient, et même la chaumière de leurs parents, où ils entrèrent, et furent reçus à bras ouverts car les pauvres gens avaient bien pleuré leur absence et regrettaient bien sincèrement le crime qu'ils avaient commis dans un moment de détresse.

Robinson Crusoé

1.- Tout le monde connaît l'histoire de Robinson, fils d'un riche marchand, qui s'étant embarqué contre le gré de ses parents fit naufrage et fut jeté par la tempête, seul, dans une île déserte.

2.- Quand il fut revenu de son évanouissement, Robinson, qui était énergique et industrieux, s'occupa de s'établir du mieux qu'il pourrait dans sa solitude : il se créa une habitation sous les arbres, l'entoura d'une palissade, et se fit même, avec des branches, un parasol pour se protéger du soleil.

3. — Il poursuit à la course les lamas et autres animaux qui se trouvent dans l'île. Après beaucoup de peines, il parvient à en tuer quelquefois pour se nourrir de leur chair, et se faire des habits de leur peau en employant les os les plus pointus en manière d'aiguilles.

4. — Il goûte d'heureux moments de repos, quand, retiré dans sa cabane, il jouit du résultat de son pénible travail : une biche qu'il a prise vivante lui fournit du lait, et près de lui sont les provisions de fruits de toutes sortes qu'il a recueillis pour les mauvais jours.

5. — Un jour, des sauvages abordent à l'improviste dans son île. Ils y avaient amené un sauvage comme eux, fait prisonnier, qu'ils voulaient tuer et manger là. Robinson les attaque avec courage, en tue plusieurs, et sauve le malheureux condamné, qui dès lors s'attacha à lui. Robinson le nomma Vendredi, en souvenir du jour où il l'avait sauvé. Ils vécurent longtemps ensemble dans cette solitude, liés d'amitié et se rendant mutuellement service.

6. — Un jour, un vaisseau se montra à l'horizon. Robinson et son fidèle serviteur firent des signaux et furent reconnus. C'était un navire portugais qui débarqua dans leur île, et leur fournit quantité de provisions, d'armes, et proposa à Robinson de le ramener dans sa patrie.

7. — Robinson y consentit avec joie, mais il voulut auparavant qu'on fit une expédition contre les sauvages qui revenaient de temps en temps les inquiéter dans l'île, et qui même étaient parvenus à se saisir d'un des officiers portugais et à le lier prisonnier. Avec l'aide des gens du vaisseau, Robinson délivra l'officier, mit les sauvages en fuite, et reprit le chemin de sa patrie, ne laissant pas sans émotion l'île où il avait connu tant de peines et goûté cependant tant de douces jouissances.

8. — Comme l'enfant prodigue, Robinson revient à la maison paternelle, où il est accueilli avec tendresse. Il y reprend son heureuse vie d'autrefois, jouissant d'une aisance qui ne l'empêche pas de reconnaître combien les simples plaisirs qu'il goûta dans son île lui paraissaient avoir une saveur puissante quand ils étaient accompagnés de la fatigue du travail et de l'aiguillon du désir.

235

Maître Renard

1. — Le lion, voulant établir la paix parmi les animaux, les fait tous mander à sa cour. Ils y viennent tous, sauf le renard, qui n'a pas la conscience tranquille, car il ne met aucun terme à ses brigandages et à ses meurtres. Ce matin encore, il a égorgé une jeune poule; le vieux coq et ses parents apportent aux pieds du roi le cadavre de la malheureuse. Le roi fait enterrer la poule solennellement, et ordonne la comparution de maître renard.

2. — Un conseil est alors assemblé, dans lequel maître Brun, l'ours, est élu huissier, avec la délicate mission de pénétrer dans la taverne du renard et de lui remettre la sommation royale.

3. — Le renard ne manifeste aucun symptôme de rébellion ; il reçoit l'huissier avec une politesse infinie, s'assure qu'il n'a amené avec lui aucun gendre, et, dès lors, faisant le bon apôtre, il s'excuse sur une nécessité absolue, disant qu'il avait longuement et qu'il ne vivait depuis des jours que de miel aigre.

4. — A ce mot de miel, l'ours gourmand dresse l'oreille. Le renard le sent vaincu, et par de belles paroles il parvient à l'entraîner pour voir où est ce miel. Maître renard l'amène en un endroit où les paysans du village avaient construit un piège. C'était un tronc d'arbre où une entaille avait été faite, puis légèrement tenue ouverte au moyen d'un bâton passé dedans. L'intérieur était enduit de miel. L'ours ne peut résister à ce fumet alléchant; il arrache le bâton, et introduit sa tête; mais la fente se referme, et tous ses efforts ne servent qu'à le blesser grièvement et à mettre sa peau en pièces. Tout le village accourt au bruit. Par bonheur pour lui, au moment où il allait être assommé, l'ours, par un suprême effort, parvient à se dégager, et, tout sanglant, sauve sa vie en se jetant dans la rivière.

5. — Placé de l'autre côté de l'eau, le renard se moquait de lui. Incapable de se venger, l'ours s'en va près du roi Lion se plaindre de sa mésaventure.

6. — Le roi et son conseil, après s'être consultés longuement décident d'expédier la deuxième sommation par l'intermédiaire du chat, renommé pour sa finesse et son agilité. Celui-ci accepte à contre-cœur, sachant bien à qui il a affaire. Il se met en route, non sans crainte, d'autant plus qu'il vient

d'apercevoir, dès ses premiers pas, un corbeau noir qui lui semble de mauvais présage.

7. — Le chat est bien accueilli par maître renard, qui le promène en lui parlant de toutes sortes de choses, et notamment d'un beau nid de souris dans la cave du curé; mais il ne lui dit pas qu'ayant volé un coq la veille dans cette cave, on y a placé un piège. Le pauvre chat, alléché, donne dans le panneau. Le curé et sa servante accourent, on fustige le chat, le prenant pour un renard; et le malheureux s'enfuit à grand'peine, pour rentrer, tout penaud, à la cour du roi.

8. — Cette fois, maître renard va être expulsé du pays, quand le blaireau Guimbard, qui l'avait toujours défendu, offre de faire une dernière démarche de conciliation. Maître renard, comptant sur son adresse et sur sa facilité de parole, embrasse sa famille, et se met en route avec lui pour aller défendre sa cause.

9. — En route, il se sent faiblir et prend peur, craignant que ses nombreux crimes ne lui soient pas pardonnés. Il fait une confession de sa vie criminelle au blaireau, qui l'assure du pardon du roi, bien qu'il n'ait pu, en route, et au moment où il venait de s'accuser si humblement, s'empêcher de saisir une poule qui passait sur la route. Le blaireau l'encourage, et ils arrivent au palais du roi.

10. — Devant le tribunal, maître renard, malgré sa rhétorique rusée et insinuante, est convaincu de tant de crimes qu'on le condamne à mort. Ses ennemis, l'ours, le chat et le loup, s'empressent de mettre à exécution la sentence, de peur que l'astucieux animal ne se sauve encore de ce mauvais pas.

11. — Déjà, le chat avait préparé la corde, et l'ours dressé l'échelle, quand le rusé renard s'avise, pour gagner du temps, de demander à faire devant le roi une confession générale de ses crimes, afin, disait-il, qu'aucun innocent ne fût condamné par sa faute, ce que le roi voulut bien accorder.

12. — Arrivé là, maître renard, qui avait retrouvé sa langue et son audace, fait le bon apôtre, et obtient du roi un entretien particulier. Là, il lui avoue mystérieusement que son père le renard avait été pendu pour avoir volé à son roi une somme considérable, et avoir conspiré contre son maître avec l'ours, le chat, le loup et le blaireau. Il ajoute qu'il sait où est la somme, n'ayant pas voulu y toucher, par délicatesse. Le roi lui ordonne de le conduire en cet endroit, après avoir fait mettre en prison les quatre conspirateurs.

Tours, impr. [illegible] Arrault et Cie.

www.ingramcontent.com/pod-product-compliance
Ingram Content Group UK Ltd.
Pitfield, Milton Keynes, MK11 3LW, UK
UKHW031053260726
13965UKWH00006B/1358